LA CRÉATION APRÈS LES ABUS

COMMENT GUÉRIR D'UN TRAUMATISME ET REPRENDRE SA VIE EN MAIN QUAND TOUT LE RESTE A ÉCHOUÉ

2ND EDITION

DR. LISA COONEY

DÉDICACE

Ce livre est dédié à ceux qui ont vécu avec une "cage invisible" sur eux et autour d'eux et qui sont prêts à se débarrasser de cette cage en acceptant qu'ils (vous) en sont la clé.

Vous êtes la clé pour vous libérer de tout et de rien. C'est à vous de choisir de ne pas être victime des inventions qui vous empêchent de vivre votre ROAR !

Aujourd'hui, plus que jamais, il est temps de créer APRÈS les abus et de cesser de laisser le passé dicter votre avenir.

Et si tout dans votre passé était une possibilité de croissance post-traumatique ? C'est ce que je choisis.

Je suis continuellement reconnaissante pour toutes les formations et les expériences que j'ai pu tisser ensemble pour m'aider et aider les autres. Je suis particulièrement reconnaissante à tous ceux qui ont contribué à ROAR, aujourd'hui et auparavant.

Et à vous, lecteurs ! Créons le monde que nous savons possible !

REMERCIEMENTS

Ce livre a eu une longue, très longue période de gestation. Je me rends compte aujourd'hui qu'il m'a fallu créer ma vie, mon mode de vie et mon entreprise après les abus. Et cela m'a pris du temps. Je suis reconnaissante pour le flux et le reflux et pour ce livre qui m'a guidée avec tant d'amour.

Je me reconnais dans le fait que je n'ai jamais renoncé ni à lui ni à moi. Je suis déterminée à montrer une autre possibilité de guérison et de création après des décennies d'abus sous toutes ses formes.

Lorsque les personnes identifient la cage dans laquelle elles ont vécu et sous laquelle elles ont vécu, de nouveaux paradigmes de guérison des abus et, par la suite, de création après les abus, commencent à s'ouvrir.

Je reconnais que nous avons tous un don, une idée et une contribution à apporter aux changements et à la guérison de cette planète. Ce livre en fait partie pour moi. Je vous souhaite la bienvenue dans vos propres créations et j'espère que ce livre vous incitera à en faire autant. La maltraitance n'est pas la fin ; c'est le début de la création d'une vie nouvelle et actuelle.

Alors, allez-y, créez ! C'est ainsi que nous éliminons les abus. Nous ne nous arrêtons pas, nous grandissons au-delà et nous vivons en accord avec nous-mêmes.

Quels sont les autres choix possibles ? Et comment pouvez-vous les choisir maintenant ?

INTRODUCTION

J'ai passé une grande partie de ma vie d'adulte à chercher des moyens de guérir des abus.

Comme la plupart des personnes que je connais et qui cherchent à guérir d'un abus, je regardais à l'extérieur de moi, sans réaliser que j'étais déjà la ressource de ma propre guérison. J'ai toujours pensé que si je suivais une formation de plus, si j'engageais un thérapeute de plus, si j'apprenais d'un professeur de plus, je trouverais la clé comme par magie. Pourtant, la clé de la guérison des abus se trouve déjà en vous. Le mensonge que l'on vous a servi jusqu'à présent est que la guérison est quelque chose que vous devez trouver à l'extérieur de vous. Si vous avez cherché une réponse à l'extérieur de vous, dans ce livre, nous allons explorer un modèle totalement différent. Je vais vous montrer qu'il existe un moyen non seulement de dépasser l'histoire de la maltraitance, mais aussi de vivre une vie radicalement vivante.

Il existe un certain nombre de mythes auxquels vous avez peut-être adhéré au sujet de la transformation de l'abus et ce livre va les dissiper :

- **La première est que vous devez le faire seul.** Si vous avez adhéré à la "mentalité du survivant", vous avez probablement l'habitude de vous battre et d'essayer de tout faire par vous-même. Une partie du nouveau paradigme de la guérison des abus consiste à reconnaître que vous n'êtes pas obligé de le faire.

- **Le deuxième mythe auquel vous avez peut-être adhéré est celui de l'absence de choix.** Je veux dire par là qu'il n'y a pas de choix dans vos actions et réactions automatisées qui découlent de l'abus. Comme je le souligne constamment dans ce livre, il y a toujours un choix à faire à chaque instant. C'est juste que jusqu'à présent, vous n'étiez peut-être pas conscient d'avoir un choix, et encore moins de savoir comment en faire un autre. Il n'y a rien de plus important dans ce monde et dans votre vie que de choisir une plus grande possibilité pour vous.

Mon approche consiste à nommer ce qui n'a pas été nommé de manière directe, réelle et compatissante. Je fais référence aux nombreuses formes d'abus qui sont encore tolérées et perpétuées aujourd'hui.

Lorsque je parle de maltraitance, je ne pense pas seulement aux formes les plus familières d'agression physique et sexuelle. Je fais également référence au courant sous-jacent des moyens socialement acceptables par lesquels nous nous manipulons, nous nous contrôlons et nous nous opprimons les uns les autres. En fait, la maltraitance a plusieurs visages. Il s'agit notamment de la manière passive-agressive dont nous avons appris à communiquer les uns avec les autres en tant que race humaine. Quelqu'un peut dire que ce n'est pas grave, ne vous inquiétez pas, tout en communiquant sur un ton qui laisse entendre que ce n'est pas grave et que vous le paierez plus tard. Ou bien quelqu'un vous donnera de l'amour et de l'attention tant que vous ferez exactement ce qu'il veut que vous fassiez, et dès que vous direz ou ferez quelque chose qu'il n'aime pas, il secouera la tête, se détournera et se taira. Elle peut te dire que tu as le choix, mais te punir si tu ne fais pas ce qu'elle a en tête.

La conséquence est que beaucoup d'entre nous se promènent dans ce que j'appelle la "cage de la maltraitance" sans même le savoir. La cage, que nous explorerons tout au long de ce livre, est une sorte de "bouclier invisible" que les survivants de la maltraitance enroulent inconsciemment autour d'eux. Souvent, les personnes qui ont été maltraitées ne sont même pas conscientes qu'elles vivent quotidiennement à l'intérieur de cette cage. Tout ce qu'elles savent, c'est qu'elles se sentent limitées, lourdes et denses. Les choses ne leur semblent pas aussi brillantes qu'elles pourraient l'être. Et ils ne savent pas exactement pourquoi. Certains accusent une maladie chronique, une dépression ou autre chose.

Peu importe que l'abus dont vous avez été victime soit de nature sexuelle, physique, spirituelle, financière ou émotionnelle, qu'il s'agisse d'un événement unique ou d'une série d'incidents.

Dans tous ces cas, nous portons en nous un profond sentiment d'injustice qui est mal placé dès le départ. Il appartient à l'auteur, mais nous le faisons nôtre. Nous créons ensuite notre vie à partir de cet état interne d'injustice. Le résultat de tout cela est que nous finissons par donner beaucoup de pouvoir à l'auteur de l'acte de maltraitance et très peu de conscience à nous-mêmes. Si vous avez subi une maltraitance, vous avez très probablement appris des stratégies pour vous aider à faire face, à tolérer et à fonctionner dans cet environnement de maltraitance.

Par exemple, si on vous disait de vous taire lorsque vous commenciez à parler, vous apprendriez probablement à parler moins ou à ne parler que lorsque vous êtes sûr que tout le monde est d'accord. Ou si, lorsque tu es heureux et très excité, quelqu'un vient te dire de baisser d'un ton et de te ressaisir, tu apprendras peut-être que la joie et l'excitation ne sont pas bonnes ou qu'elles dérangent les gens. Métaphoriquement, nous apprenons à nous plier, à nous replier et à nous mutiler pour entrer dans la cage. Par exemple, nous ne serons heureux que si les gens autour de nous le sont, ou nous ne verrons pas les choses telles qu'elles sont réellement et, au lieu de cela, nous prétendrons que tout va bien (même si nous savons que ce n'est pas le cas), ou nous renoncerons aux rêves et aux désirs que d'autres personnes jugeraient les nôtres.

Tant que nous n'aurons pas pris conscience des systèmes de croyance et des limitations que nous avons adoptés à l'intérieur de cette cage, nous continuerons à attirer toute la vie à partir de cet endroit et à prendre des décisions à partir de cet endroit.

- Si nous pensons que nous ne sommes pas assez bons pour être aimés tels que nous sommes, nous laisserons entrer dans notre vie des personnes qui nous jugeront ou nous critiqueront de la même manière que nos parents.

- Si nous pensons qu'il y a quelque chose qui ne va pas chez nous, nous trouverons des gens qui pensent la même chose.

- Si nous croyons qu'à chaque fois que nous sommes heureux, de mauvaises choses se produisent, nous attirerons des personnes qui se sentent menacées par notre bonheur et qui nous puniront pour cela.

- Si nous croyons que tout ce qui s'est passé est de notre faute, nous trouverons des personnes qui n'assument pas la responsabilité de leurs actes et qui ont appris à accuser les autres de les avoir poussés à se comporter comme ils le font.

Tant que nous n'en prenons pas conscience et que nous n'en sortons pas - ce que je vous montre comment faire dans ce livre - nous souffrirons. C'est lorsque nous en prenons conscience que nous pouvons commencer à choisir.

Ce processus exige de la persévérance et de la détermination - ce que j'aime appeler une ténacité de la conscience - pour reconnaître la cage dans laquelle vous avez vécu et qui vous a maintenu jusqu'à présent dans l'histoire sans fin de l'abus, du handicap et de la limitation en tant que votre réalité. Mon objectif est de vous aider à réaliser que vous avez la capacité de créer une nouvelle réalité et de choisir de vous débarrasser des vieilles structures et des mensonges qui vous ont jusqu'à présent maintenu dans la cage.

COMMENT FONCTIONNE CE LIVRE

Ce livre va vous aider à sortir de votre cage invisible. Mais avant de le faire, vous devez le reconnaître, l'accueillir et savoir qu'il est là. Mon approche consiste à nommer ce qui, jusqu'à présent, n'a probablement pas été nommé pour vous. Une fois la cage nommée, vous pouvez la voir. Vous pouvez sentir ses limites et ses barreaux, et vous pouvez en sortir. Avant que vous ne sachiez qu'elle est là, elle vous retient à l'intérieur et façonne chacun de vos choix, chacun de vos mouvements, chacune de vos pensées. Il façonne votre réalité et votre perception de vous-même.

Si vous avez vécu votre vie à l'intérieur de la cage jusqu'à présent, vous avez probablement supposé que c'était votre seul choix. En fait, pour la plupart des personnes avec lesquelles j'ai travaillé, l'idée de choix a d'abord semblé déroutante. On nous a vendu le mythe selon lequel, parce que nous avons été victimes d'abus, notre vie sera à jamais remplie de souffrances. Jusqu'à présent, votre vie vous a probablement fourni de nombreuses preuves que c'est le cas. Il se peut que vous n'ayez même pas envisagé la possibilité de faire un choix. Pourtant, ce livre ne va pas seulement vous montrer comment choisir différemment, il va aussi vous donner les outils pour le faire.

Vous avez peut-être déjà investi une quantité phénoménale de temps et d'énergie pour tenter de guérir d'une maltraitance. Peut-être n'avez-vous pas encore obtenu les résultats que vous souhaitiez. J'ai découvert que de nombreux outils et pratiques visent à se réparer ou à se guérir et à récupérer quelque chose que l'on est censé avoir perdu. Le modèle thérapeutique traditionnel nous enseigne qu'il faut se "réparer" pour se libérer. Lorsque vous adoptez ce modèle, vous supposez qu'il y a quelque chose qui ne va pas chez vous et vous cherchez des solutions pour résoudre le problème. Cela devient un puits sans fond dont vous n'arrivez jamais à sortir parce que vous ne vous sentez jamais réparé ou entier. Vous vous êtes peut-être déjà retrouvé à tourner en rond, à vous demander si cela finira un jour et à attendre le jour où vous serez enfin guéri.

En tant que titulaire d'un doctorat en psychologie, je vois les croyances, et les limites de ces croyances, de ce qu'il faut faire pour guérir des abus aujourd'hui dans le monde de la psychologie traditionnelle. Mais je vois aussi au-delà des limites du paradigme actuel de la guérison des abus. Je vous invite à vous joindre à moi pour franchir les murs du paradigme existant et entrer dans un nouveau paradigme d'ouverture radicale.

Ce livre va bouleverser le vieux paradigme de la gestion de la maltraitance. Vous découvrirez que vous n'avez pas besoin de récupérer ou de réparer quoi que ce soit. Au contraire, je vous expliquerai comment choisir un état d'esprit complètement différent. Vous apprendrez à faire le choix de mettre fin à l'acte ou à la poursuite de l'abus, et de ne plus permettre à cet acte ou à cette série d'événements de dominer votre vie entière.

Le modèle de vie radicalement vivante que je vous présente dans ce livre exige un choix et une prise de conscience constants. C'est un choix de ne pas se définir par ce qui vous est arrivé, un choix que ce livre vous aidera à faire à chaque instant. Ce que je partage avec vous ici va au-delà de la recherche de solutions rapides ou d'une guérison du jour au lendemain. Il s'agit d'une pratique permanente de la pleine conscience, qui vous permet de prendre conscience des choix qui s'offrent à vous dans le moment présent et d'être disponible pour choisir de nouvelles possibilités.

Je vais articuler l'expérience de la maltraitance d'une manière qui sera probablement nouvelle pour vous, en mettant des mots sur des pensées, des sentiments et des stratégies d'adaptation non exprimés. C'est un peu comme apprendre une nouvelle langue. Pourtant, lorsque vous l'entendrez, vous ressentirez probablement un sentiment de soulagement qui vous ouvrira la porte à une nouvelle façon de percevoir le monde. En soi, cela peut créer un énorme changement dans votre perception et votre réalité.

Une grande partie de notre travail commence par une prise de conscience. Dans la première partie, nous verrons ce qu'il en est au niveau interne, nous examinerons ce que j'appelle les quatre D qui ont pu vous faire fuir : Nier, défendre, se déconnecter et se dissocier, et nous explorerons certaines des émotions familières comme la honte, la colère, la rage, la tristesse et la peur qui accompagnent les abus. Dans la deuxième partie, nous verrons comment la maltraitance continue à façonner et à influencer votre vie extérieure, notamment votre santé et votre corps, vos relations et votre sexualité, ainsi que votre argent et votre carrière. Enfin, dans la troisième partie, nous verrons comment dépasser la maltraitance pour vivre une vie radicalement vivante. Nous entamerons une conversation révolutionnaire sur l'espoir, en vous montrant comment vous pouvez accéder à un nouveau mode de vie. Vous découvrirez comment changer pour ne plus fonctionner à partir de l'ancien cadre de ce qui s'est passé (le passé) mais, au contraire, expérimenter la vie à partir d'un nouvel état de conscience et d'éveil. Vous serez en mesure de devenir plus présent et d'arrêter les schémas familiers de "check out" qui, dans son essence, est une forme d'absence dans votre vie.

Nous explorerons tout ce qui précède dans le contexte de la sortie de la cage de l'abus et de l'ouverture radicale à l'endroit où vous générez et créez une vie pour vous-même qui est au-delà de tout ce que vous pouvez imaginer.

PARTIE I

ENFERMÉS DANS LA CAGE DES ABUS

1

———

LA CAGE INVISIBLE

Vous réveillez-vous le matin et commencez-vous à énumérer la litanie des choses qui ne vont pas dans votre vie ou que vous avez mal faites hier ? Il s'agit là d'une forme d'auto-jugement, l'une des caractéristiques de la "cage invisible". L'ironie de la chose, c'est que la seule chose qui ne va pas, c'est que vous vous jugez vous-même.

Le jugement est une énergie insidieuse mais subtile. Lorsqu'il est utilisé contre vous-même, vous devenez votre propre prisonnier éternel, piégé dans la croyance erronée que vous avez des défauts, que vous avez tort et que vous ne valez rien. Si vous continuez à penser que quelque chose ne va pas, alors vous allez créer et manifester que c'est le cas, afin de vous prouver que vous avez raison, au moins sur ce point. Une partie de nous aime vérifier ce que nous avons jugé négatif. C'est un

3

sentiment familier que nous avons l'habitude d'appeler "maison".

Le problème avec le jugement est qu'il ne permet pas la liberté et l'expansion de plus grandes possibilités. Au lieu de cela, vous restez petit et vous luttez, vous allez à contre-courant.

Dépasser le jugement est l'un des éléments clés pour sortir de la cage invisible et des griffes de l'abus. Tout au long de ce livre, nous allons explorer les jugements que vous vous infligez et que vous infligez aux autres, ainsi que les résultats involontaires mais directs qui en découlent souvent. Ensuite, nous découvrirons des moyens de les dépasser afin de créer à partir de " maintenant ", plutôt qu'à partir de vos expériences passées.

Je connais bien le chemin.

Et il suffit de suivre la lumière.

MON HISTOIRE

"Elle m'a demandé : "Ça va ?

La question semblait simple. Mais en réalité, c'était la première fois que quelqu'un la posait. J'avais 21 ans à l'époque.

J'ai fait une pause, j'ai réfléchi à sa question. La réponse, bien sûr, était un *non* catégorique. Je n'allais vraiment pas bien. Et alors que j'étais assise dans le bureau de ma psychologue spécialisée dans les violences familiales, je me suis demandée si j'avais jamais été bien.

Ce fut un tournant, ce moment, qui allait marquer le début d'un voyage phénoménal, non seulement pour guérir mes propres problèmes d'abus, mais aussi pour aider d'innombrables personnes à travers le monde à faire de même. C'est comme si quelqu'un avait enfin vu au-delà de ma façade ; mon voile a été percé. Je ne pouvais plus cacher la douleur ou la repousser. J'ai commencé à pleurer pour la première fois depuis des années. J'avais appris qu'il n'était pas prudent de pleurer bien avant cela. C'était quelque chose que je n'aurais pas osé faire en présence de ma mère, les conséquences étant bien trop graves.

Jusqu'à ce tournant, j'avais vécu dans une cage invisible. Pas une cage réelle, bien sûr, mais une cage métaphorique. Si vous êtes pris dans un schéma abusif à ce stade de votre vie, ou si vous l'avez été dans le passé, vous comprendrez probablement ce que je veux dire. Les dizaines de milliers de personnes qui sont entrées en contact avec moi par le biais de mon travail et de mon émission de radio ont également pu se rendre compte de la cage invisible et souvent indéfinissable que crée la maltraitance. C'est l'oppresseur silencieux à partir duquel nous finissons par nous définir.

Jusqu'alors, ma vie n'avait été qu'une tirade d'abus physiques, émotionnels et sexuels presque sans fin. C'était à peu près tout ce que je connaissais. Aujourd'hui, je peux partager mon histoire à partir d'un lieu de guérison totalement différent, en gardant à l'esprit que - bien que je sois suffisamment consciente de mes déclencheurs émotionnels pour choisir différemment - je dois encore utiliser les outils et les techniques proposés ici de temps en temps. Rien ne se fait du jour au lendemain et c'est un processus continu.

Comme beaucoup d'enfants victimes d'abus, les miens ont eu de nombreuses sources. Mais ce sont mes expériences avec ma mère qui ont eu, de loin, le plus grand impact.

Pendant notre enfance, on nous a appris à ne rien dire de ce que nous pensions ou de ce que nous ressentions. Si nous le faisions, nous étions littéralement battus et torturés. La rage de ma mère était alimentée par un trouble de la personnalité non diagnostiqué. Ce n'est pas une coïncidence si j'ai fini par étudier la psychologie et si c'est moi qui ai fini par la diagnostiquer.

Même si j'ai obtenu un doctorat, la perception que ma mère avait de moi et son comportement à mon égard m'ont amené à croire que j'étais en quelque sorte stupide, et cette croyance m'a poursuivi pendant toute mon enfance. Aucun domaine de ma vie n'était à l'abri de ses schémas. J'en ai eu un exemple lorsque j'apprenais à écrire. Ma mère me frappait sur la tête si je n'arrivais pas à rester dans les lignes du papier. Son attitude à l'égard de mon apprentissage signifiait qu'à l'école, j'étais totalement introverti. Vous savez, l'enfant qui est toujours en train de rêvasser et qui est seul ? C'était moi.

Lorsque je pense à mon état émotionnel à l'époque, la meilleure façon de le décrire serait de dire que je n'en avais pas. J'ai appris très tôt qu'il était plus sûr de se fermer. Je parlais rarement à qui que ce soit et j'étais totalement à l'écart. Même lorsque je faisais appel à mon imagination, c'était toujours contre moi-même. Je m'asseyais dans notre maison de Brooklyn pour regarder la cheminée, imaginant que les flammes étaient des démons qui sortaient pour m'attaquer.

Les incidents qui ont affecté ma scolarité et mon apprentissage étaient bénins par rapport à d'autres problèmes auxquels j'ai été confrontée. Dans certains de ses moments les plus féroces, ma mère se mettait en colère et me battait littéralement. Parfois, elle me traînait par terre en me tirant par les cheveux. Je mouillais mon pantalon pendant qu'elle le faisait. Ma vie ressemblait beaucoup à celle d'un animal en mode de survie, remettant constamment en question sa sécurité d'un moment à l'autre.

Comme beaucoup d'enfants confrontés à une situation semblable à la mienne, je rêvais sans cesse de mourir ou de quitter la maison - n'importe quoi pour échapper à la tyrannie de ma mère. Je m'allongeais en pensant à toutes les façons dont je pourrais mourir. La seule raison pour laquelle je n'ai pas mis fin à mes jours est que j'étais trop effrayée pour passer à l'acte. Ma seule tentative de suicide a eu lieu plus tard dans ma vie, lorsque j'ai essayé de marcher devant un bus, mais je n'y suis pas parvenu. C'était comme si quelque chose m'avait tiré en arrière, même s'il n'y avait personne à ce moment-là. Ce moment a été l'une des principales prises de conscience que j'ai eues dans ma vie - une prise de conscience qui m'a mise sur la voie de la guérison et qui, au fil du temps, m'a conduite dans de nombreuses directions. J'ai poursuivi mon doctorat en psychologie et, finalement, j'ai été amenée à explorer des modalités alternatives qui traitent avec le monde des esprits, y compris l'hypnothérapie, le chamanisme, la guérison thêta et d'autres modalités. Chacune d'entre elles m'a donné des outils et des techniques pour faire évoluer ma conscience et progresser vers la plénitude.

L'une des découvertes les plus importantes que j'ai faites au cours de ce processus de guérison a été l'existence de la "cage invisible".

DÉFINITION DE LA CAGE

Je dis qu'il était invisible, parce que bien que j'aie vécu en lui, prisonnier silencieux, je n'étais même pas conscient de son existence. Il m'a fallu des dizaines d'années pour la nommer, sans parler de la transformer en un message que je pouvais partager avec le monde. Pourtant, chaque fois que j'ai parlé de la cage invisible à quelqu'un qui avait été victime d'abus, un regard de reconnaissance, souvent de soulagement, a balayé son visage. Il se peut que vous viviez une expérience similaire en ce moment même, alors que vous lisez ces mots.

Votre cage est comme un fantôme qui vous murmure continuellement à l'oreille. Elle murmure lorsque vous avez des difficultés. Pourtant, lorsque la vie va bien, il ne s'arrête pas. En fait, dans ces moments-là, il est probable qu'il devienne plus bruyant, car le fait de vivre dans les limites de la cage vous maintient dans un endroit qui vous est familier. Il y a un étrange confort dans les limites de la cage, même si vous souhaitez vivre au-delà.

Vivre dans la cage, c'est vivre sans voix. Vous pouvez peut-être parler et fonctionner dans le monde, mais il y a une partie de vous qui est isolée, réduite au silence et coupée de la réalité. Une partie qui vit à l'intérieur de vous, morte, affaissée et engourdie.

La cage transforme également chaque point de connexion que vous avez dans votre vie en quelque chose de destructeur. Elle vous empêche d'accéder à ce que vous pouvez générer et créer et vous limite à une "réalité sans choix".

La cage est fondée sur le manque, la limitation et le mensonge. Nous mettons notre argent et notre carrière, nos décisions de vie, nos relations et tout le reste dans la cage, et nous agissons et réagissons à partir d'elle. Nous repoussons les gens. Nous décidons de ne pas choisir une entreprise qui pourrait être fructueuse. Nous rejetons des relations qui pourraient nous soutenir de manière aimante et positive. Nous nous demandons pourquoi nous nous auto-sabotons, alors qu'en réalité nous agissons comme la cage est conçue pour le faire : lutter contre la vie et dire "non" à partir d'un lieu de peur et de contraction plutôt que d'embrasser la vie et de dire "oui" à partir d'un lieu d'expansion. Nous tirons des conclusions sur la vie sans même poser de questions. Nous réagissons à partir de notre expérience de la maltraitance et maintenons cette expérience en vie. Par exemple, nous pouvons passer à côté d'une personne dans la rue que nous n'avons jamais rencontrée et nous sentir immédiatement menacés et effrayés et commencer à entrer en état de choc sans savoir pourquoi. Il s'avère que cette personne portait la même eau de Cologne qu'un agresseur lorsque nous étions enfant.

La douleur de vivre dans la cage peut être si grande que nous choisissons parfois de ne pas y rester du tout. Dans le pire des cas, la mort peut apparaître comme la seule issue et nous pouvons envisager le suicide. Comme beaucoup de ceux qui ont perdu la volonté de vivre, j'ai souvent été entouré de personnes qui se sont suicidées. Cela s'est poursuivi à l'âge adulte, jusqu'à ce que je fasse l'expérience d'une transformation monumentale de mes propres problèmes.

Le plus souvent, lorsque nous ne parvenons pas à faire disparaître la bête dans la cage, nous nous engourdissons ou nous "sortons" pour éviter sa douleur. Nous procédons souvent à ce type de mise à l'écart tout au long de la journée, vivant essentiellement comme une coquille de nous-mêmes. Nous pouvons avoir recours à la nourriture, à l'alcool, aux drogues ou aux médicaments pour nous isoler plus profondément. Nous pouvons même avoir des "accidents" - certains mineurs, comme se couper le doigt avec le couteau en coupant des tomates pour la salade, ou percuter quelqu'un en reculant dans le parking, mais parfois plus graves. Ces choses peuvent arriver parce que, à un niveau inconscient, nous nous sabotons nous-mêmes et essayons d'attirer notre propre attention - de nous réveiller. Lorsque nous cessons de fonctionner comme une version absente de nous-mêmes et que nous nous alignons sur ce que nous sommes vraiment, nous n'avons plus "besoin" de poursuivre ces comportements.

À partir de ce lieu d'engourdissement et de déni, nous créons encore une autre couche sur notre réalité existante. Le monde extérieur à la cage se forme autour de la perception de celui qui vit à l'intérieur, et plus le monde intérieur se déforme, plus notre perception du monde extérieur suit. Un autre filtre recouvre le monde, le déformant encore davantage. Nous entrons dans le déni. Nous nous déconnectons de tout ce qui est en face de nous : les relations avec les gens, l'argent, et même notre relation avec la terre sont déformées à l'intérieur même de la cage. Nous défendons la réalité que nous avons créée, parce qu'à l'intérieur de la cage, il est logique de le faire, même si, logiquement, nous ne pouvons pas expliquer pourquoi.

L'un des participants à mon émission de radio l'a décrit comme suit : "Je viens d'emménager dans un endroit que j'aime, avec une personne que j'aime, et pourtant je me réveille chaque jour en me sentant triste, effrayé et incapable de faire quoi que ce soit.

Voilà ce que c'est que de vivre à l'intérieur d'une cage. Cela devient une plaisanterie cruelle que, quoi que nous changions dans notre réalité extérieure, notre point de référence reste le même. Nous nous disons : "Voici une chose merveilleuse que j'aime. Voici une nouvelle possibilité. Mais je ne peux pas l'avoir parce que je vis dans l'anxiété de ce qui s'est passé auparavant."

L'ANTI-JEU

J'appelle ce qui est créé à l'intérieur de la cage l'"anti-vous", car lorsque vous vivez ainsi, vous n'êtes tout simplement plus vous - le vrai vous. Vous êtes une version de vous-même, mais pas votre vrai moi. Par exemple, lorsque j'étais en surpoids (physiquement, émotionnellement, mentalement et spirituellement plus lourd), c'était une version de moi-même. Lorsque j'ai entrepris le travail que je partage avec vous et que j'ai "libéré" le poids (en allégeant tous les aspects de ma personne), je me suis rapprochée de ma vérité - de mon vrai moi. Il se peut que vous ne vous ressembliez même pas, car la cage a aussi un masque. Peut-être le sentez-vous venir sur votre visage lorsque vous vous sentez menacé, ou peut-être le portez-vous tout le temps, comme une armure qui vous protège du monde extérieur.

L'"anti-vous" a tellement de couches qu'il peut vous donner l'impression d'être mort. Tout ce que vous percevez à partir de cet endroit est né de la limitation et du manque. Au lieu de vivre à partir de votre capacité créative, tout ce que vous faites semble vous repousser et rebondir. Vous pouvez essayer d'avoir des relations à partir de cet endroit, mais vous pouvez avoir l'impression d'être au centre de ces relations et d'appuyer sur le bouton d'autodestruction. C'est presque comme si vous viviez à partir d'un besoin de vous détruire et de détruire tout ce qui vous entoure. C'est ainsi que l'on se sent le mieux. C'est comme si vous recréiez intérieurement ce qui s'est produit dans votre monde extérieur.

Lorsque l'anti-vous est déclenché, vous vous retrouvez dans ce que j'appelle "l'espace de l'abus". Si vous êtes perspicace, vous pouvez même le sentir dans la structure énergétique de votre cerveau. Pour moi, il est situé devant les glandes pinéale et pituitaire dans mon cerveau - je pouvais littéralement le sentir quand il se déclenchait - une densité et une lourdeur à l'intérieur qui envoyait une réverbération dans mon système nerveux autonome, me préparant à me battre, à fuir ou à m'immobiliser.

Lorsque nous sommes dans l'espace de l'abus, tout ce qui se trouve devant nous se transforme en une vieille histoire d'abus. Cela renverse ce qui se passe dans le monde extérieur. Nous voyons des choses dont nous sommes convaincus qu'elles sont vraies, même si notre entourage les nie catégoriquement. Ce qui semble vrai peut être faux, et vice versa. Nous nous retrouvons à faire confiance à des personnes qui ne devraient pas l'être, et à ne pas faire confiance à des personnes qui pourraient l'être. Des personnes peuvent entrer dans notre vie et représenter toutes les choses que nous disons vouloir générer et manifester, mais nous les repoussons parce que s'engager avec elles signifierait vivre au-delà de la cage et que nous ne nous sentons pas à l'aise pour le faire.

Nous constatons que le monde extérieur nous rappelle constamment un élément de l'abus - un regard sur le visage de notre amant, un sentiment d'abandon, une suggestion que nous avons fait quelque chose qui n'est peut-être pas assez bien - et nous sommes de retour dans l'espace de l'abus. Notre réalité bascule et tout se résume à notre sentiment d'être mauvaise. Nous avons l'impression que tout est de notre faute. Nous nous retranchons encore plus loin derrière les barreaux. En quête de sécurité, nous ne trouvons en fait qu'un isolement encore plus grand.

La cage devient un lieu de jugement sur notre méchanceté. Nous portons ce sentiment d'injustice, qui appartient à nos agresseurs, mais que nous faisons nôtre. Ce faisant, nous donnons notre pouvoir à l'auteur de l'agression et nous nous privons de la conscience que nous avons de nous-mêmes. Nous ne nous rendons pas compte à quel point nous sommes quelqu'un d'autre ou réagissons à ce qu'il nous a appris. À ce stade, la réponse devient automatique. Nous sommes obligés de le faire, car nous assumons les réalités des autres comme si elles étaient les nôtres.

Vous avez peut-être aussi remarqué que lorsque vous vivez dans la cage de la maltraitance, celle-ci se répercute dans tous les autres domaines de votre vie. Lorsque vous filtrez le monde à travers la lentille de la maltraitance, celle-ci vous attire davantage. Vous avez peut-être constaté que cela vous conduit à vous blâmer davantage. Vous avez peut-être entendu des phrases telles que "Vous créez votre propre réalité". Et lorsqu'elle se perpétue continuellement et que vous ne savez pas comment l'arrêter, cela renforce le sentiment que quelque chose ne va pas chez vous. C'est en tout cas ce que j'ai ressenti lorsque j'étais enfant et que les abus me frappaient sous tous les angles possibles. Ce même sentiment s'est poursuivi à l'âge adulte, alors que les abus se perpétuaient de diverses manières. Il y a un sentiment sous-jacent que vous ne serez jamais la force que vous savez vraiment être. Tout ce que vous faites lorsque vous fonctionnez à partir de cette mort vous empêche d'être radicalement vivant, parce que vous ne pouvez jamais sortir complètement de cette cage, que vous définissez comme votre malheur. Si je devais décrire ce que fait *réellement* la cage, je dirais qu'elle vous maintient dans la boucle perpétuelle du "j'ai tort. J'ai tort, j'ai tort, j'ai tort, j'ai tort." Lorsque vous opérez à partir de cet endroit, vous serez toujours victime de tout.

EXERCICE DE JOURNAL : VIVRE À PARTIR D'UN PASSÉ D'ABUS

Lorsque nous ne sommes pas connectés à notre bonté naturelle, nous vivons une sorte de réalité tordue

Notez vos cinq principaux conflits et défis. Combien d'entre eux pouvez-vous identifier comme provenant d'un sentiment d'injustice ?

CE QUE VOUS POUVEZ ATTENDRE - DES MORTS VIVANTS ...

Beaucoup d'entre nous ont appris à vivre dans un état de mort, plutôt que dans un état de vie radicale. Alors, comment vivons-nous tous dans un état de mort ? L'une des façons est de remettre à plus tard les choses dont nous savons que si nous les faisions, elles nous apporteraient de la légèreté. La raison pour laquelle nous ne faisons pas ces choses est qu'avec les abus, on nous a appris à croire qu'il y avait quelque chose d'intrinsèquement mauvais en nous. Nous avons été programmés pour croire que nous étions mauvais et, quoi que nous fassions, nous avons toujours l'impression de nous tromper.

.. À RADICALEMENT VIVANT

Lorsque nous marchons dans le brouillard, nous avons l'impression de ne pas avoir le choix. Mais comme je l'ai souvent dit dans ce livre, l'une des choses les plus précieuses en nous est notre capacité à choisir.

Et si chacun d'entre nous choisissait d'arrêter de vivre mort, en pilotage automatique et dans le brouillard de ses habitudes destructrices ? Et si nous nous libérions de la cage des abus en reconnaissant que nous vivons dans une cage ? Et si nous prenions des mesures cohérentes pour dissoudre les barreaux de la cage et franchir le pont qui mène à une vie radicalement vivante ?

Lorsque quelque chose vous réveille, vous pouvez choisir de faire quelque chose de différent. Chaque fois que vous embrassez et incarnez quelque chose, vous le devenez. Nous pouvons choisir d'incarner une réalité différente en ce qui concerne les abus. Nous pouvons tous être les catalyseurs de l'élimination et de l'éradication des abus sur cette planète. Je ne parle pas seulement des abus sexuels. Je parle de tous les abus : physiques, mentaux, émotionnels, financiers, de soi. Il n'existe aucun critère qui permette de dire qu'un abus est pire qu'un autre. Ils mènent tous à la même fin : ils vous privent de votre vitalité. Et tant que nous continuerons à perpétuer cette réalité et à blâmer nos agresseurs pour tout ce que nous aimerions faire mais que nous ne choisissons pas de faire, nous maintiendrons la maltraitance en vie.

Et si le plus grand mensonge et la plus grande maladie de cette planète étaient en fait le jugement de vous, l'abus de vous-même, la destruction de vous et la dissimulation de l'être que vous êtes vraiment ?

2

LES 4D

S i vous pensez à une cage en forme de carré, ce sont les quatre murs qui forment les barreaux. Ce sont les murs qui vous enferment dans l'abus. Lorsque vous êtes enfermé, vous ne pouvez pas vraiment créer ou générer quelque chose de différent que ce qui se trouve dans l'espace de cette boîte. C'est ainsi que l'on finit par retourner l'abus vers l'intérieur et que l'on devient à la fois l'auteur et la victime de l'abus.

LE DÉNI, LA DÉFENSE, LA DÉCONNEXION ET LA DISSOCIATION

Chacun des 4D - déni, défense, déconnexion, dissociation - représente un "mur" unique de la cage. Il s'agit de mécanismes d'adaptation auto-générés que nous avons utilisés pour faire face à la maltraitance dans notre vie. Comprendre les 4D, c'est comme accepter la structure de la cage invisible dans laquelle vous avez vécu jusqu'à présent. L'objectif de ce livre est de briser cette structure. Cela commence par une prise de conscience de la façon dont les 4D vous ont enfermé dans votre modèle actuel de réalité.

#1 DENYING

Le déni est la première des 4D. Il intervient à plusieurs niveaux. Il ne s'agit pas spécifiquement de nier que l'événement a eu lieu. Cela peut arriver, bien sûr, mais lorsque c'est le cas, c'est souvent l'inconscient qui compartimente ce qui s'est passé pour vous permettre de faire face à la situation. Le type de déni auquel je fais référence consiste à vivre dans sa tête et à se déconnecter de son corps. J'appelle cela divorcer son corps de son être.

Lorsque vous dissociez votre corps de votre être, vous pouvez avoir l'impression de vivre en dehors de votre corps la plupart du temps. C'est ce qui fait que les personnes qui ont été maltraitées semblent distantes ou éloignées. C'est une stratégie d'adaptation. Elle peut avoir été apprise pendant les violences, lorsque vous avez nié ce qui se passait pour y faire face. Après la fin de l'acte de maltraitance, le déni se poursuit à plusieurs niveaux. Pour sortir du déni, il faut retrouver son corps. Mais je voudrais d'abord explorer les nombreuses façons dont le déni peut se manifester.

Fantaisie

L'imaginaire est l'un des moyens que nous utilisons pour nier les abus dont nous avons été victimes. Nous créons des mondes imaginaires comme alternative à la réalité dans laquelle nous vivons. En réponse à ma propre éducation, marquée par des abus violents, j'ai créé un monde imaginaire vivant et vital où tout était beau. C'était comme un idéal utopique et, à un certain niveau, je croyais que je pouvais faire n'importe quoi. J'étais persuadée d'avoir une sorte de super pouvoir. C'est là que commencent les illusions de grandeur qui accompagnent souvent les aspects les plus graves et les plus lourds de conséquences de la 4D, tels que la dissociation. Dans l'enfance, la fantaisie nous permet de nier la réalité et de nous réfugier dans nos mondes imaginaires.

Lors de mon rétablissement, j'ai dû examiner la façon dont j'avais déformé mes fantasmes et les avais fusionnés avec la réalité. Par exemple, j'idolâtrais mon père et le mettais sur un piédestal. Il était mon héros - brillant dans les affaires et l'argent, et très amusant par-dessus le marché. Cela contrastait avec ma mère que je détestais parce que, lorsqu'il rentrait à la maison, ils ne faisaient que se disputer et elle le poussait dehors. Ce que j'ignorais alors, c'était ses infidélités, sa consommation de drogue ou d'alcool. J'ai fini par comprendre que tout ce qui n'est pas dans cette réalité est un fantasme. Vivre à partir de ce fantasme vous enferme dans le déni et déforme encore plus la réalité qui vous entoure.

Un exemple de la façon dont les gens se réfugient dans un monde imaginaire est de croire que leur vie sera parfaite une fois qu'ils auront gagné à la loterie. Elles peuvent même se réfugier dans un monde imaginaire où elles imaginent toutes les choses qu'elles feront une fois qu'elles auront gagné la loterie. Bien que cela se produise chez de nombreuses personnes qui n'ont pas été maltraitées, cette tendance à se réfugier dans un monde imaginaire et à vivre en dehors du moment présent peut être plus forte à l'intérieur de la cage et constitue un élément important du déni.

Tout ce que nous créons dans l'imaginaire et que nous ne manifestons pas dans la réalité finit par nous limiter. Dans notre monde imaginaire, nous créons la carrière que nous voulons, la relation que nous voulons, la voiture que nous voulons conduire, l'endroit où nous voulons vivre. Tout y est merveilleux. Mais la réalité est tout à fait opposée. Nous nous privons de ce que nous voulons vraiment - peut-être en ne prenant jamais de mesures ou en n'élaborant pas de plan concret - mais nous ne sommes pas non plus satisfaits de ce que nous avons actuellement. Nous ne pouvons ni l'accepter ni l'apprécier. Le déni se manifeste donc à de nombreux niveaux.

Deux niveaux de déni

En fonction de la gravité du traumatisme ou des problèmes de maltraitance auxquels une personne est confrontée, le déni se manifeste à deux niveaux.

1. Déclenchement dans le déni et hors du déni. Si c'est votre cas, vous avez l'impression de vivre tantôt dans le monde réel, tantôt dans le monde imaginaire. Quelque chose vous déclenchera, et vous retournerez dans la cage du déni. Cela peut se manifester dans des domaines clés de votre vie tels que l'argent, les relations ou la santé.

Si vous faites partie de ce premier groupe, vous avez peut-être déjà beaucoup travaillé sur vos problèmes de maltraitance. Vous avez peut-être déjà compris que vous pouvez vous sentir enfermé. Peut-être êtes-vous capable de gérer le sentiment de cage. Elle ne vous accapare plus de la même manière qu'auparavant, et vous avez encore du pouvoir. Vous savez qu'il est possible de changer et vous faites ce que vous pouvez pour cela. Cependant, certains vestiges de la cage subsistent encore.

2. Ils vivent dans le déni en permanence. Ce groupe construit souvent une forteresse impénétrable autour de lui. La cage est tout ce qu'ils connaissent. Ils ne peuvent pas sentir ou ressentir un monde au-delà de la cage. Les murs de la cage sont très bien définis et ne s'abaissent jamais.

Pour ce groupe, la réalité est façonnée et déformée depuis l'intérieur de la forteresse. C'est le cas d'une personne qui m'a envoyé un message sur Facebook avant que je ne sois sur le point de donner un cours pour me dire qu'elle était suicidaire. Pour cette personne, les murs de la cage étaient très denses. Il était clair pour moi qu'elle était enfermée dans une boîte. Cela s'accompagne d'un sentiment que tout est limité. On en arrive souvent à la conclusion qu'il n'y a qu'un seul choix possible.

Transférer le déni sur autre chose

J'ai travaillé un jour avec une femme qui avait été violée. Elle m'a dit qu'elle n'était pas si bouleversée par le fait d'avoir été "abusée sexuellement", mais qu'elle était plus bouleversée par le fait que son manteau avait été abîmé pendant le viol et qu'elle ne pouvait pas en obtenir un autre. Vous remarquerez peut-être qu'elle a qualifié le viol qu'elle avait subi d'abus sexuel, ce qui est un autre niveau de déni.

J'ai immédiatement compris qu'elle était dans le déni. Il serait facile de la juger lorsqu'elle a dit qu'il s'agissait du manteau. Ce que j'ai compris, c'est qu'il s'agissait du manteau pour elle. Elle avait transféré sa rage sur le manteau *et elle n'avait* pas d'argent à dépenser pour un autre manteau. C'était la forme de son déni - son esprit se concentrait sur ce qui était arrivé au manteau et non sur ce qui lui était arrivé à elle.

L'une des clés pour comprendre le déni est de reconnaître où l'on se trouve. Souvent, mes clients et les participants aux ateliers se rendent compte qu'ils ont vécu dans le déni et cela peut être un choc au début. Le fait de vous rencontrer là où vous êtes vous permettra de commencer à briser le déni dont vous avez fait l'expérience.

EXERCICE DE JOURNAL : DÉCOUVRIR LES ZONES DE DÉNI

Les fantasmes peuvent être des histoires que nous créons à propos d'une situation pour prouver ce que nous pensons - et comment nous considérons quelque chose comme vrai (alors qu'il s'agit en fait d'un mensonge) pour continuer à le nier.

Réfléchissez aux endroits où vous vous réfugiez dans l'imaginaire au lieu de vivre le moment présent. Quels types de fantasmes créez-vous dans votre tête ? Quand avez-vous commencé à les créer ? À quoi servent-ils ?

Quel est votre niveau de déni ? Vivez-vous dans le déni 24 heures sur 24 et 7 jours sur 7 ou vous arrive-t-il d'entrer dans le déni et d'en sortir ?

Avez-vous transféré l'acte de maltraitance sur quelque chose d'autre ou ne l'avez-vous pas appelé par son nom ? De quel type de soutien avez-vous besoin pour pouvoir nommer ce que vous avez vécu ?

#2 DEFENDRE

La deuxième des 4D est la défense. La défense est probablement la plus évidente des 4D à repérer, car elle est souvent une riposte immédiate à quelque chose ou à quelqu'un dans notre monde extérieur.

La défense est l'expression extérieure de notre agitation intérieure. Elle peut se manifester par un accès occasionnel de défense. Mais pour de nombreuses personnes, il s'agit d'une attitude hyper vigilante, 24 heures sur 24, 7 jours sur 7. Cela peut ressembler à un animal en cage que l'on pique constamment avec un bâton. La défense est l'expression extérieure de sa peur. Son message prédominant est : "Ne t'approche pas de moi ou je te tue".

Le porc-épic invisible

Vous arrive-t-il de vous hérisser lorsque quelqu'un s'approche de vous ? L'un des principaux signes de défense est ce que j'appelle le "porc-épic invisible".

À un moment donné de ta vie, le monde n'était pas sûr pour toi. Vous avez donc créé des "piquants" pour tenter de vous protéger. Lorsque vous étiez plus jeune, vous espériez probablement, à un certain niveau, que ces piquants éloigneraient votre agresseur. Mais aujourd'hui, ces piquants éloignent aussi l'amour, l'argent et tout le reste. Même si vous les avez créés pour vous protéger, ils finissent par vous amener à déformer ou à vous méfier de ce qui se trouve devant vous.

Le phénomène du porc-épic invisible implique d'être sur ses gardes et hyper-vigilant à l'extérieur et à l'intérieur, ce qui peut facilement créer une sorte d'épuisement, ainsi qu'un trouble surrénalien ou un trouble auto-immun. Ceci, bien sûr, en plus de tous les conflits dans les relations et la carrière.

Même si vous extériorisez le porc-épic invisible et qu'il se manifeste souvent sous la forme d'une défense, vous pouvez aussi vous retrouver à l'intérioriser. Ces piquants peuvent se tourner vers l'intérieur pour pénétrer votre bonté, votre gentillesse, votre générosité d'esprit et votre gratitude. Cela conduit à d'autres expressions extérieures de cynisme, de dépression, d'anxiété, de problèmes psychologiques, de problèmes de santé, de problèmes financiers.

Même si la défense du porc-épic a commencé à fonctionner pour vous lorsque vous étiez plus jeune, plus tard dans la vie, elle s'enracine comme un système de réponse programmé ou conditionné qui sert en fait à vous empêcher de vivre votre rêve. Les piquants vous empêchent de recevoir la vie que vous désirez parce qu'il est trop dangereux de la recevoir. L'utilisation de cette défense devient une épée à double tranchant qui vous frappe à la fois à l'extérieur et à l'intérieur.

Pour moi, recevoir a toujours signifié recevoir un jugement. Cela signifiait aussi faire ce que ma mère disait pour qu'elle ne me batte pas. Recevoir signifiait être et vivre sa réalité avec un désir désespéré d'être nourri. Je voulais recevoir d'elle, mais chaque fois que je le faisais, ce n'était pas ce que je désirais, ce qui renforçait les piquants du porc-épic, tant à l'intérieur qu'à l'extérieur. Cela m'a rendu plus défensif.

Faire fondre la défense

La défense peut être atténuée par l'humour. Cet humour doit cependant être approprié, car si vous avez l'impression que quelqu'un rit de façon inappropriée de votre attitude défensive, vous risquez de vous replier davantage. Lorsque je travaille avec des personnes, je fais souvent tomber les défenses par l'humour. Cela permet à la position d'hyper-vigilance en arrière-plan 24/7 d'aller prendre une pause café. Il faut aussi beaucoup de tolérance et d'espace pour permettre au système nerveux de s'assouplir.

Pensez aux clips que vous avez pu voir sur YouTube où un chien a été négligé et abandonné. Dans un premier temps, il peut se défendre en grognant et en aboyant. Mais lorsqu'on lui témoigne de la gentillesse, ses défenses commencent à s'abaisser. C'est le genre d'approche que vous devez adopter avec votre porc-épic intérieur et vos défenses. Il se peut que tu aies besoin d'un autre être humain pour t'aider habilement à faire tomber les piquants.

EXERCICE DE JOURNAL : VOTRE PORC-ÉPIC INTÉRIEUR

Combien de fois vous arrive-t-il de réagir de manière défensive et avec quelle intensité ?

Y a-t-il des moments où vous anticipez le rejet pour vous protéger du "mal" ?

Quels types de situations, de personnes ou de commentaires déclenchent le porc-épic qui sommeille en vous ?

Quelles sont les histoires que vous vous êtes racontées à propos de la réception qui vous poussent à garder les piquants en l'air, armés et prêts à se défendre ?

#3 DÉCONNEXION

La déconnexion est un état constant de séparation entre l'esprit et le corps, entre le corps et l'esprit. C'est un état omniprésent de divorce entre vous et votre relation avec vous-même.

Lorsque vous êtes déconnecté, vous vous surprenez à manger fréquemment pour satisfaire un besoin émotionnel, au lieu de manger parce que vous avez faim. Tout dans votre vie sera fabriqué pour vous aider à éviter le vrai problème. Vous vous retrouverez à vous déconnecter et à développer toute une série de distractions qui vous permettront de vous déconnecter de plus en plus.

Vous avez appris à vous déconnecter pendant l'acte de violence. C'était le moyen pour votre corps de compartimenter l'acte afin que vous n'ayez pas à être présent pendant que vous le viviez. Le fait est que vous continuez à le faire après l'événement parce que le fait d'être connecté à votre corps peut signifier que le corps se souvient de ce que vous avez ressenti ou vécu. La stratégie qui vous a permis de rester en sécurité peut devenir celle qui vous empêche de faire l'expérience de possibilités nourrissantes, voire joyeuses, avec votre corps.

Lorsque vous vous déconnectez, vous pouvez avoir l'impression d'être en dehors de votre corps. Beaucoup de personnes déconnectées à la suite d'actes de maltraitance disent qu'elles ont l'impression de ne plus sentir leurs pieds sur le sol, ou qu'elles ont l'impression de vivre en dehors de leur corps. On peut avoir l'impression de vivre divisé. Vous êtes ici, mais en même temps vous n'êtes pas ici. Vous pouvez être capable de fonctionner dans le monde, mais d'autres personnes peuvent avoir l'impression qu'il y a quelque chose d'anormal chez vous. De même, si vous avez rencontré une personne déconnectée, vous avez souvent l'impression d'avoir une conversation avec elle et qu'elle est vague ou éloignée.

Si vous vivez déconnecté, vous disposez probablement d'une série de stratégies qui vous permettent de le faire. Rappelez-vous qu'il s'agit simplement de votre corps qui essaie de vous empêcher de ressentir ce que vous avez ressenti lorsque vous avez été victime d'abus. Qu'il s'agisse de s'engourdir avec de la nourriture, de l'alcool, du shopping, des drogues ou des médicaments, il se peut que vous cherchiez des moyens de vous déconnecter, surtout si la connexion avec votre corps devient inconfortable.

Si vous vivez déconnecté, vous risquez également de vous tromper constamment de fil. Lorsque vous vivez loin de vous-même ou en dehors de vous-même, vous perdez le contact avec votre moi authentique ou votre connexion innée avec ce qui est vrai pour vous. Il se peut que vous disiez non quand vous voulez dire oui et vice versa. Peut-être riez-vous quand quelque chose est triste et pleurez-vous quand quelque chose est heureux. C'est comme si tout se croisait. Mais plus profondément encore, il se peut que vous développiez ce que l'on pourrait appeler un sens de l'humour tordu autour de la maltraitance. J'ai remarqué que certaines personnes font des blagues lorsqu'elles parlent du fait qu'elles ont été violées. Si c'est votre cas, il s'agit d'un mécanisme de défense qui vous permet de rester déconnecté.

Divorcer soi-même

L'une de mes émissions de radio s'intitulait *Choosing to Stop the Craziness of Divorcing Yourself (Choisir de mettre fin à la folie du divorce)*. Nous avons souligné dans cette émission comment nous finissons par croire ce qu'on nous a dit au sujet de la violence. Nous avons été programmés pour croire que nous sommes victimes d'abus. Le problème, c'est qu'en adoptant une mentalité de victime, nous finissons par enfermer l'énergie de l'abus. L'un des commentaires formulés au cours de l'émission expliquait

Le problème avec les abus, c'est qu'une fois qu'on les a subis, on a tendance à les enfermer dans notre corps, car c'est notre corps qui les subit. Nous apprenons à les rendre très réels, importants et significatifs, en pensant que cela finira par améliorer les choses. En réalité, ce n'est pas le cas.

Nous donnons de l'importance et de la pertinence à l'acte de maltraitance et nous y consacrons toute notre attention. Parce que nous ne savons pas quoi faire d'autre, il reste enfermé en nous. Nous le revivons chaque jour. En conséquence, nous stagnons au lieu de créer. Nous laissons les abus nous définir alors qu'en réalité, c'est l'occasion de faire un choix différent, un choix qui nous donne du pouvoir et nous connecte à notre intelligence au-delà des actes du passé, et de reconnaître ce que nous avons appris.

Dans l'émission, nous avons également souligné que nous sommes programmés pour croire que nos expériences sont ce qu'il y a de plus précieux en nous. Or, ce qui a le plus de valeur en nous, c'est notre capacité à choisir. L'une des stratégies de guérison des abus consiste à ne plus se définir par rapport à eux. Pour ce faire, vous devez cesser de divorcer de vous et de vous déconnecter de vous-même.

Comment rompre la déconnexion

Pour mettre fin à la tendance à vous déconnecter de vous-même, vous devez d'abord rechercher et reconnaître les stratégies que vous avez utilisées pour y parvenir. Tout ce qui vous ramène dans votre corps vous permettra de vous sentir plus connecté. Mais avant tout, vous devez accepter d'être dans votre corps, car la stratégie de déconnexion a une raison d'être. Nous devons donc nous pencher sur les croyances sous-jacentes que vous entretenez à propos des abus et qui vous ont poussé à vous séparer de vous. Si je vous suggère d'arrêter de vous engourdir avec de la nourriture ou d'autres distractions, mais que vous n'avez pas fait face à la raison sous-jacente pour laquelle vous le faites, il est peu probable que vous puissiez simplement retourner dans votre corps.

Ce livre est conçu pour ouvrir une conversation entièrement nouvelle sur la façon de dépasser les abus. L'un des objectifs est de vous aider à dépasser la mentalité de victime et à sortir du point de vue figé selon lequel vous devez vous définir par rapport à la maltraitance. Ce changement de perspective peut vous permettre de renouer avec vous-même.

EXERCICE : IDENTIFIER LES FAÇONS DONT VOUS VOUS DÉCONNECTEZ

Comment la déconnexion se manifeste-t-elle dans votre corps ? Avez-vous l'impression de quitter votre corps lorsque vous vous déconnectez ou que vous vous retirez dans une certaine partie de celui-ci ? Où allez-vous ? La déconnexion vous semble-t-elle constante ou vous arrive-t-il d'y entrer et d'en sortir ?

Quelle part de votre identité s'est formée autour du fait d'avoir été victime d'abus ? Quelles sont les réponses conditionnées que vous gardez dans votre corps et qui vous enferment dans votre modèle de réalité actuel ?

#4 DISSOCIATION

La plus répandue des 4D est la dissociation. C'est lorsque l'abus est tellement enfermé dans le corps que c'est l'endroit à partir duquel nous fonctionnons. Nous sommes enfermés dans la cage de l'abus et nous vivons à partir de là. C'est un état extrême et constant d'hyper-vigilance, à partir duquel nous filtrons notre réalité. Une partie de vous vit constamment "au plafond" ou dans un autre monde. Cela se manifeste souvent par des troubles tels que le syndrome de stress post-traumatique (SSPT).

La dissociation est un état constant de gel et d'engourdissement. En raison du niveau élevé d'hormones de stress circulant dans le corps lorsque nous vivons dans cet état, il est possible de déclencher des problèmes de santé physique chroniques si nous restons dans cet état au fil du temps. Il peut également conduire à des maladies psychologiques plus intenses et à des troubles de la séparation. Dans les cas extrêmes, il peut provoquer des personnalités multiples, un sujet qui n'entre pas dans le cadre de ce livre.

En résumé, les 4D constituent les murs de la cage invisible qui nous enferme dans les abus de notre passé et nous empêche de choisir de vivre comme nous le souhaitons dans cette réalité. Le déni, la défense, la déconnexion et la dissociation sont les "murs" qui vous enferment, et lorsque vous êtes dans votre cage, vous ne pouvez pas créer ou générer autre chose que ce qui se trouve dans l'espace de cette boîte. C'est ainsi que la maltraitance se retourne vers l'intérieur et que vous devenez à la fois l'auteur et la victime de votre maltraitance.

Le fantasme que vous créez peut parfois sembler meilleur que la vie réelle que vous vivez lorsque vous êtes encore aux prises avec la violence. On se sent en sécurité, enfermé dans cette cage. Il faut de la ténacité pour regarder le monde imaginaire que l'on a créé et se mettre au défi de le dépasser. Examinons maintenant les émotions particulières qui accompagnent la vie en cage.

3

LES ÉMOTIONS DE LA MALTRAITANCE

Dans ce chapitre, nous allons explorer les émotions familières de la maltraitance. Vous vous reconnaîtrez peut-être dans certaines d'entre elles ou dans toutes. Jusqu'à présent, vous n'avez peut-être pas formulé ce qu'elles sont. Elles font partie de l'ombre qui persiste à l'arrière-plan, souvent sans être nommées ou exprimées. Une fois que nous les avons nommées, elles commencent à perdre leur pouvoir. Elles n'ont plus la même emprise sur nous.

Devenir plus conscient de ses émotions fait partie du processus d'évolution vers l'autonomie radicale. Une fois que vous commencez à articuler et à identifier les émotions que vous avez ressenties, vous pouvez commencer à les dépasser et à passer à des états émotionnels plus efficaces qui résonnent avec le fait d'être puissamment puissant et radicalement vivant.

Emotions et harmoniques

Chaque émotion a une vibration différente. Les émotions faibles fonctionnent sur une fréquence plus basse. L'inverse est vrai pour les émotions plus élevées. Nous le comprenons intrinsèquement en tant qu'êtres humains, c'est pourquoi nous disons que nous nous sentons "bas" lorsque nous sommes dans les états vibratoires inférieurs, et "hauts" lorsque nous sommes dans les états vibratoires supérieurs.

Dans cette réalité, nous avons le choix de fonctionner à partir d'un état harmonique inférieur ou d'un état harmonique supérieur. Lorsque nous fonctionnons à partir d'un état harmonique supérieur, nous faisons l'expérience de la vie à travers la conscience plutôt qu'à travers nos déclencheurs, nos schémas et notre programmation. Vous avez peut-être déjà vécu des moments ou des périodes à partir de cet état. La vie est plus fluide et plus harmonieuse. Vous expérimentez la vie avec plus d'unité et plus de présence grâce aux harmoniques supérieures. Les émotions inférieures nous font nous sentir séparés et isolés, tandis que les émotions supérieures nous rappellent qu'il n'y a pas de séparation entre nous et l'univers. De nombreux enseignements spirituels orientaux nous le rappellent, et ce qu'ils mettent en évidence, c'est qu'il faut vivre à partir des harmoniques supérieures de la vie.

Les sentiments et les émotions font partie de l'état harmonique inférieur de cette réalité. Nous y restons bloqués et on ne nous apprend pas que c'est un choix. En fait, nous sommes programmés pour croire que nous sommes victimes de nos émotions et nous surfons sur la vague de celles-ci, en ayant l'impression qu'elles échappent à notre contrôle.

Comme nous l'avons souligné précédemment, certaines émotions prédominantes persistent après un abus. Nous restons souvent bloqués dans ces émotions, ainsi que dans les fréquences harmoniques inférieures qu'elles représentent pour nous. Elles sont liées à l'anti-vou dont nous avons parlé au chapitre I. Lorsque nous nous enfermons dans ces états émotionnels, nous nous abaissons dans une énergie, un espace et une conscience qui sont à l'opposé de ce que nous sommes vraiment. Ces émotions nous maintiennent enfermés dans les 4D, en particulier dans le déni et la défense. Dans les harmoniques inférieures de notre état émotionnel, nous prenons l'habitude de nous déchaîner, et le cycle s'approfondit. Nous nous installons dans ces états, les prenant pour notre réalité fixe. Ils deviennent habituels, car plus nous résonnons avec une certaine fréquence, plus elle devient forte et familière. C'est l'une des raisons pour lesquelles nous restons parfois dans notre zone de confort, qui est en fait notre zone d'inconfort. La résonance de cette zone, bien que douloureuse, nous est familière et nous avons appris à l'accepter et à vivre avec.

Ces émotions signifient également que nous résistons et rejetons la vie - en fait, elles sont le carburant de cette résistance, affectant la santé physique, les relations et les finances. Même s'il est difficile d'y faire face, cela fait partie du processus de récupération de votre véritable essence et de votre moi, et vous met sur la voie d'une vie radicalement vivante en vous donnant le pouvoir de choisir. Lorsque vous n'êtes pas dominé par vos émotions, la vivacité radicale devient votre vibration naturellement la plus élevée.

HONTE

La honte est un autre obstacle à la chance, car elle nous fait sentir que nous ne méritons pas la bonne fortune - l'amour, le bonheur et le succès. La honte limite également la chance parce qu'elle nous fait vivre dans l'espace du passé, résonnant dans le champ de la honte et n'étant pas présents dans l'ici et le maintenant où la chance prend place.

— *GAY HENDRICKS ET CAROL KLINE,*
LA CHANCE CONSCIENTE

Il y a une différence entre la culpabilité et la honte lorsqu'il s'agit d'abus. La culpabilité, c'est "j'ai fait une erreur et je m'en excuse". Vous allez de l'avant. Alors que la honte, c'est "Je *suis une* erreur". Ainsi, bien souvent, lorsqu'une personne essaie de dépasser les abus qu'elle a subis, elle doit vraiment dépasser la honte de croire qu'elle a tort ou qu'elle est imparfaite. C'est la situation, l'environnement, la personne qui a perpétré l'abus qui était défectueuse d'une certaine manière. Il y avait quelque chose dans leur programmation qui les poussait à agir de cette manière. Et vous avez pris leur histoire comme votre identité.

La honte est l'émotion la plus familière de la maltraitance. Elle est générée par tous les secrets que vous avez cachés au sujet de la maltraitance. Il se peut que l'on vous ait dit de cacher l'abus aux autres ou que l'on vous ait menacé d'une quelconque conséquence si vous disiez la vérité. Il se peut aussi que l'abus ait été perpétré d'une manière qui n'a pas été discutée ou exprimée. Elle s'est produite et a été normalisée dans votre vie, mais une partie profonde de vous ne savait pas comment exprimer ce qui vous était arrivé. Il se peut aussi que vous ayez osé exprimer ce qui s'est passé et que vous ayez été jugé ou accusé de mensonge. Les situations où les abus ont été exprimés et traités avec compassion sont plus rares car, dans de nombreuses situations familiales, si les abus sont admis et assumés, quelque chose doit changer. Les mariages se brisent. Les proches vont au tribunal. Il est souvent beaucoup plus "facile" pour les gens de se couper de leur conscience et de nier ce qui s'est passé que d'affronter les conséquences de la vérité.

La honte de la maltraitance est donc tournée vers l'intérieur. Vous avez l'impression d'être endommagé ou défectueux. Vous acceptez par défaut d'être mauvais.

Vous devenez le secret et, ce faisant, vous ne pouvez plus devenir vous-même.

La plaisanterie cruelle de la honte est que quatre-vingt-dix pour cent de ce que vous cachez, vous le cachez en fait à vous-même parce que c'est ce que vous avez été programmé à faire. Pour supporter le secret, vous l'avez retourné contre vous-même dans une forme tordue de déni. Cela signifie que vous ne pouvez plus être en communion avec vous.

La honte se manifeste par une lourdeur et une densité en vous. Vous marchez les yeux rivés sur le sol et la tête baissée. C'est comme si vous viviez dans un froncement de sourcils et que votre visage se transformait et se tirait lorsqu'il se déclenchait.

La honte déforme également l'identité de l'individu. Il est impossible d'avoir une véritable intimité (in-to-me-i-see) lorsque l'on se promène dans un nuage de honte. À chaque interaction, vous savez que vous n'êtes pas authentique, ce qui crée encore plus de honte et vous pousse à vous cacher encore plus. Le cycle se poursuit, tout en rapprochant la cage des abus autour de vous.

Voici la blague cosmique de la honte : vous passez votre vie entière à la garder piégée dans votre corps, vous exposant à toutes sortes de maladies (physiques, mentales, émotionnelles et spirituelles) juste pour vous cacher afin que personne ne sache que vous avez eu cette expérience. Pourtant, la majorité des gens sur cette planète cachent eux aussi quelque chose !

Alors, comment affaiblir les soudures de la honte ? L'un des meilleurs moyens est d'engager une véritable conversation sur le sujet - de sortir du secret qui entoure les abus.

Votre histoire et votre honte - Qu'est-ce que cela signifie pour vous et à propos de vous ?

Parfois, lorsque je travaille avec des personnes pour faciliter le changement, je dois prendre un peu de recul et les accompagner à travers ce qui s'est passé, afin d'aller au-delà de l'abus. Il s'agit notamment d'assumer, de revendiquer et de reconnaître ce qu'ils pensent que leur histoire signifiait pour eux et à propos d'eux, et comment ils vivent encore cela aujourd'hui. Pour beaucoup de mes clients, le fait d'avoir été victimes d'abus sexuels, physiques ou émotionnels leur donne le sentiment d'être des biens endommagés.

Comprendre comment vous interprétez votre histoire et votre honte - ce qu'elles signifient pour vous et à votre sujet - peut vous aider à définir un nouveau choix et à créer une nouvelle histoire. Cela vous aidera à voir comment la signification que vous lui avez attribuée limite l'avenir que vous pourriez vivre, à savoir la joie, le bonheur et la liberté. Pratiquement chaque fois que j'accompagne quelqu'un dans l'attachement à son histoire, le ciment qui maintient l'ensemble est la honte et l'identification à celle-ci, qui, à son tour, est perçue comme étant ce que l'on est vraiment.

Vous n'êtes pas votre honte. C'est juste quelque chose que vous avez pris l'habitude de ressentir.

Ce livre ne parle pas de jugement. Il traite de l'unité. Il s'agit d'utiliser cette conversation comme une cible pour éliminer les abus. Il s'agit notamment de reconnaître que nos agresseurs agissaient également à partir de leurs programmes et de les aider, sur le plan énergétique, à aller au-delà de l'agression, eux aussi.

"...si vous faites partie des nombreuses personnes qui ont un problème avec leurs parents, si vous gardez du ressentiment pour quelque chose qu'ils ont fait ou n'ont pas fait, c'est que vous croyez encore qu'ils avaient le choix - qu'ils auraient pu agir différemment. On a toujours l'impression que les gens ont eu le choix, mais c'est une illusion. Tant que votre esprit, avec ses schémas conditionnés, dirige votre vie, quel choix avez-vous ?

— ECKHART TOLLE, LE POUVOIR DU PRÉSENT

Tant que nous gardons la honte, nous gardons l'abus. Tant que l'histoire n'est pas révélée, l'abus reste dans notre corps. Lorsque nous nous identifions à la honte, nous l'enfermons dans notre corps. Et lorsque nous le faisons, nous nous exposons à la maladie et à une vie aux possibilités limitées. Nous restons enfermés dans notre cage, ce qui fait de la situation d'abus notre dieu, au lieu que nous soyons notre propre dieu. Je ne fais évidemment pas référence à "Dieu" dans un sens religieux, mais au pouvoir que vous avez de créer votre propre réalité.

EXERCICE ÉNERGÉTIQUE : LIBÉRER LA HONTE ET LE JUGEMENT

Cet exercice libère toute l'énergie que vous avez autour de la honte, ainsi que toute perception que vous êtes imparfait ou endommagé. Quelle que soit la manière dont vous l'avez ressentie, quand vous l'avez ressentie et avec qui vous continuez à la ressentir, vous pouvez libérer la honte - y compris tous ses secrets ou agendas cachés, non exprimés, non reconnus ou non divulgués - dans la terre.

Avec vos doigts, imaginez que vous rassemblez l'énergie de la honte en partant de vos pieds jusqu'au sommet de votre tête, à l'avant et à l'arrière de votre corps. Lancez-la sur la terre devant vous et dites à haute voix : "NON, PLUS D'ABUS. C'EST MON CORPS ET MON CHOIX ! MON DROIT !" Faites-le au moins trois fois en imaginant que l'énergie se dissipe et se libère dans la terre. Vous pouvez également faire cela avec la colère, la tristesse et d'autres émotions.

Ensuite, notez toute augmentation ou tout effet positif sur votre énergie.

La Tristesse

La tristesse est une colère tournée vers l'intérieur. Vous

n'avez pas eu l'occasion de l'exprimer extérieurement, alors vous la retournez contre vous.

Lorsque vous restez dans la tristesse, vous restez en fait dans la conscience de victime. C'est le sable mouvant qui vous maintient bloqué et incapable de bouger. Le problème avec la tristesse, c'est que l'idée que la société se fait de la difficulté de guérir des abus renforce la tristesse.

Lorsque nous sommes tristes à cause de la maltraitance, nous partons du principe que cela n'aurait pas dû nous arriver. Il existe une fausse idée, perpétuée par la façon dont nous voyons généralement le monde, selon laquelle il ne devrait pas y avoir de défis dans la vie. Cette croyance suppose que la vie doit être sans heurt et sans interruption. Lorsque nous fonctionnons avec ce filtre, il nous arrive des choses et nous avons l'impression d'avoir été trompés par la vie. Lorsque nous considérons les abus à travers le prisme de la conscience de victime, ils deviennent la pire chose qui puisse arriver à un être humain, et nous perdons notre capacité à les utiliser comme une expérience de vie transformatrice.

Lorsque nous sommes bloqués dans la tristesse, nous n'avons plus le sentiment d'avoir le choix, parce que nous partons du principe que nous ne pourrons jamais la dépasser.

En psychologie, la capacité à considérer notre expérience comme bénéfique pour atteindre notre potentiel le plus élevé est appelée "croissance post-traumatique". Elle nous permet de considérer que nous devenons plus forts et plus riches grâce à nos difficultés. Nous ne pouvons pas voir nos expériences de cette manière si nous les considérons comme un mal.

EXERCICE DE JOURNAL : POINTS DE RÉFLEXION

Dans quelle mesure avez-vous fonctionné à partir de l'émotion de la tristesse ? Quels types de situations la déclenchent ? Comment se manifeste-t-elle ? Comment la ressentez-vous dans votre corps ?

Pouvez-vous reconnaître le sentiment d'impuissance qui accompagne cette émotion ?

Quelles sont les pensées familières que vous ressentez lorsque vous êtes dans un état de tristesse ?

Une fois cet exercice terminé, vous pouvez répéter

l'exercice énergétique ci-dessus. Au lieu de la honte et du jugement, libérez cette fois l'émotion de la tristesse.

Avec vos doigts, imaginez que vous rassemblez l'énergie de la tristesse en partant de vos pieds jusqu'au sommet de votre tête, à l'avant et à l'arrière de votre corps. Lancez-la sur la terre devant vous et dites à haute voix : "NON, PLUS D'ABUS. C'EST MON CORPS ET MON CHOIX ! MON DROIT !" Faites-le au moins trois fois en imaginant que l'énergie se dissipe et se libère dans la terre.

Ensuite, notez toute augmentation ou tout effet positif sur votre énergie.

Soit dit en passant, nous agissons de la sorte avec la terre parce qu'elle est si vaste et qu'elle ne porte aucun jugement. Que connaissez-vous d'autre dans ce monde où un incendie peut se déclarer dans une forêt et la brûler, et où, un an plus tard, elle refleurit ? Le vert. C'est la terre et c'est pourquoi nous dissipons et dissolvons les abus envers la terre. Nous nous en servons comme d'un engrais pour que quelque chose de nouveau fleurisse.

COLÈRE ET *RAGE*

La colère peut être une source d'énergie vitale et lorsqu'elle est exprimée avec concentration, elle peut vous aider à dépasser votre état actuel. Cependant, lorsqu'elle n'est pas utilisée efficacement, elle ressemble davantage à un venin qui suinte et vous maintient dans un état de doute et de méfiance.

La rage est une colère tournée vers l'intérieur. C'est une énergie meurtrière incontrôlable et l'explosion extérieure de votre climat intérieur. C'est la perturbation du volcan qui dit : "Je déteste tout cela". Lorsque vous vivez dans un tel état permanent, vous oscillez souvent entre la rage et la dépression. D'un point de vue biochimique, la rage ne peut durer longtemps avant d'augmenter le taux de cortisol et d'abaisser le taux de DHEA dans l'organisme, car il s'agit d'un état de stress élevé. Cela peut conduire à une oscillation des émotions, avec de longs épisodes de dépression, lorsque le corps ne peut plus supporter la rage, avant de rebondir à nouveau dans la rage. C'est un cycle très épuisant qui déforme notre perception de la réalité, nous amenant à ne voir que ce que nous pensons qu'il se passe, même lorsque les gens autour de nous essaient de nous montrer ou de nous dire le contraire. Ceux qui vivent dans ce cycle sont souvent jugés "amers" par les autres. Il peut s'agir d'une fréquence difficile à vivre car l'attraction de la rage est très forte.

L'une des choses que nous pouvons faire est d'utiliser ces formes de rage les plus toxiques pour en faire un outil de changement. Il peut être nécessaire de faire appel à un facilitateur compétent pour vous aider à sortir de la rage et à utiliser cette énergie comme un outil de transformation. Si vous avez agi à partir d'un lieu de rage, vous pouvez parfois vous sentir bien, ou du moins préférable à la dépression, parce que quelque chose bouge lorsque vous exprimez votre rage.

L'habileté consiste ici à être capable de déplacer cette énergie dans une direction qui vous sert, plutôt que de renforcer vos difficultés.

La première étape consiste à reconnaître et à admettre que vous êtes pris dans le cycle de la rage.

EXERCICE DE JOURNAL : POINTS DE RÉFLEXION

L'objectif est de faire en sorte que chaque émotion soit distincte afin que vous puissiez les séparer et que votre corps soit votre allié.

Placez votre main sur la partie de votre corps qui ressent de la colère. Placez maintenant votre main sur la partie de votre corps qui ressent de la rage. Pouvez-vous déterminer la différence ou la similitude entre la colère et la rage ? Laquelle a été la plus prédominante pour vous ?

Avez-vous oscillé entre la rage et la dépression ?

Avez-vous fait l'expérience d'utiliser la colère pour exprimer votre point de vue ?

Pouvez-vous faire la différence entre la puissance de la colère et l'explosion de rage ?

Une fois cet exercice terminé, vous pouvez répéter l'exercice énergétique ci-dessus, en remplaçant cette fois-ci les émotions de colère et de rage.

Avec vos doigts, imaginez que vous rassemblez l'énergie de la colère et de la rage en partant de vos pieds jusqu'au sommet de votre tête, à l'avant et à l'arrière de votre corps. Lancez-la sur la terre devant vous et dites à haute voix : "NON, PLUS D'ABUS. C'EST MON CORPS ET MON CHOIX ! MON DROIT !" Faites-le au moins trois fois en imaginant que l'énergie se dissipe et se libère dans la terre.

Ensuite, notez toute augmentation ou tout effet positif sur votre énergie.

La PEUR

La peur est un état dans lequel vous êtes bloqué, gelé et engourdi. Lorsque vous vivez dans la peur, vous pédalez à contre-courant et vous vous enfoncez dans une zone de destruction. Il s'agit d'un système de réponse automatique dans lequel vous vous préparez continuellement à faire face à ce qui, dans votre monde extérieur, semble pouvoir être traumatisant.

Lorsque vous vivez dans la peur, il y a toujours quelqu'un pour vous embêter, vous bousculer, profiter de vous, vous blesser, vous rejeter ou vous abandonner. Cela n'a généralement rien à voir avec la personne en face de vous et vous vous retrouvez souvent à projeter votre version de la réalité sur elle.

Lorsque vous vivez dans un état de peur perpétuelle, vous ne pouvez jamais être présent.

La peur implique presque toujours un retour dans le passé comme point de référence pour ce qui s'est passé auparavant et une projection dans l'avenir.

EXERCICE DE JOURNAL : POINT DE RÉFLEXION

Jusqu'à quel point avez-vous fonctionné par peur ? Placez votre main sur la partie de votre corps qui ressent la peur.

Quels sont les types de situations qui la déclenchent ? Comment se manifeste-t-elle ? Quelle est la sensation de la peur dans votre corps ?

Vous arrive-t-il de vous replonger dans le passé et de rechercher des choses similaires dans le présent ? Cherchez-vous dans le présent des preuves que les choses vont mal se passer ?

Quelles stratégies pouvez-vous mettre en place pour vous rattraper lorsque la peur commence à s'installer ?

Une fois cet exercice terminé, vous pouvez répéter l'exercice énergétique ci-dessus, en remplaçant cette fois-ci l'émotion de la peur.

Avec vos doigts, imaginez que vous rassemblez l'énergie de la peur en partant de vos pieds jusqu'au sommet de votre tête, à l'avant et à l'arrière de votre corps. Lancez-la sur la terre devant vous et dites à haute voix : "NON, CE N'EST PAS RÉEL. JE CHOISIS DE RESTER PRÉSENT DANS LE MOMENT

PRÉSENT". Faites-le au moins trois fois en imaginant que l'énergie se dissipe et se libère dans la terre.

Ensuite, notez toute augmentation ou tout effet positif sur votre énergie.

En résumé, vivre dans les émotions de l'abus, c'est fonctionner à partir des harmoniques inférieures. Pour vivre radicalement et fonctionner à partir d'états harmoniques supérieurs, nous devons d'abord reconnaître que nous avons vécu dans les émotions d'abus et que nous nous sommes associés à certaines fréquences émotionnelles que nous avons fini par normaliser.

Voyons maintenant comment le fait de vivre dans la cage de l'abus et de fonctionner à partir de ces états émotionnels a eu un impact sur divers domaines de votre vie. Puis, plus loin dans le livre, nous explorerons comment vous pouvez transformer ces émotions afin de vivre radicalement.

PARTIE II

LA LUTTE DANS LA CAGE

4

LA POURSUITE DES ABUS

Quand cela va-t-il s'arrêter ?

C'est une question que je me suis posée plusieurs fois dans ma vie. Pourtant, en vérité, je ne savais pas si cela arriverait un jour. La myriade d'abus que j'ai subis sous diverses formes tout au long de ma vie semblait se multiplier avec le temps. Plus la situation s'aggravait, plus j'étais convaincue que quelque chose n'allait pas chez moi, chaque nouvel événement semblant confirmer le modèle de réalité à partir duquel je fonctionnais, qui supposait que j'étais défectueuse d'une manière ou d'une autre.

Ce que je sais maintenant, et que je n'avais pas compris à l'époque, c'est que lorsque nous agissons à l'intérieur de la cage de l'abus, celui-ci se perpétue et nous ne savons pas comment l'arrêter. Vous avez peut-être déjà vécu quelque chose de semblable, où les relations, les connexions et les communications abusives semblent provenir de tous les angles de la vie.

En fait, il est très rare que la maltraitance prenne fin lorsque l'événement initial est terminé.

Après l'acte initial, vous pouvez avoir l'impression que tout le monde vous maltraite.

L'abus lui-même, qu'il s'agisse d'un seul événement majeur ou d'une série de petits incidents, continue à se répercuter dans nos vies et dans notre réalité long-temps après qu'il s'est produit.

Même si vous avez été victime d'abus dans un domaine particulier de votre vie, il est probable que d'autres échos similaires se soient manifestés dans d'autres domaines de la vie et d'une multitude de manières. Vous avez peut-être remarqué qu'il s'agissait d'une épidémie qui s'est répandue dans tous les coins de votre existence. Si l'abus a commencé dans l'enfance, il est probable que (à moins que vous ne l'ayez trans-formé de manière significative et qu'il ne vous affecte plus) la continuation de l'abus sous ses nombreuses formes a été votre principal point de référence jusqu'à présent.

LE CHOC DE LA PERPÉTRATION

L'une des clés pour comprendre comment vous réagissez à la maltraitance est que l'acte de maltraitance crée un choc dans le système. Le traumatisme impose alors à l'organisme des systèmes de réponse automatique qui se réactivent en période de stress. La chimie de notre corps change littéralement lorsque nous subissons un acte de violence, et nous nous adaptons en nous réfugiant à l'intérieur de la cage invisible.

Au départ, la cage devient notre lieu de sécurité, et c'est tout ce que nous savons faire face à la surcharge sensorielle et moléculaire créée par l'événement initial. Chaque fois que quelque chose nous rappelle l'événement initial, nous retournons dans la cage. En général, tous les sens sont impliqués et tout déclencheur sensoriel provenant du monde extérieur peut nous faire reculer dans la cage. Nous sentons une odeur qui nous rappelle l'événement initial - un parfum ou un après-rasage - et nous nous retrouvons en retrait. Nous entendons quelque chose - par exemple un ton de voix ou un mot particulier utilisé lors de la perpétration - et nous rentrons à nouveau dans la cage. Nous voyons quelque chose qui nous rappelle l'événement - notre agresseur a des poils au visage, nous voyons un homme avec des poils au visage - et soudain, nous reculons à nouveau. Il y a ensuite les indicateurs moléculaires plus subtils : les nombreux sentiments et émotions suscités par la maltraitance. Souvent, lorsqu'une personne est victime d'abus, ces sentiments et ces émotions restent bloqués dans le corps et peuvent être redéclenchés par la moindre chose dans notre réalité extérieure. D'une certaine manière, nous enfermons l'auteur de l'abus dans les cellules mêmes de notre être. La réalité de l'agresseur devient ainsi le filtre à travers lequel nous percevons le monde, et c'est un élément clé de ce qui nous maintient enfermés dans la cage.

Bien que la cage soit conçue pour nous protéger - en essayant de nous mettre à l'abri pour qu'un événement similaire ne se produise pas - nous finissons par nous définir à travers le choc de ce qui s'est passé. Notre structure moléculaire change et ces changements deviennent le filtre à travers lequel nous vivons notre réalité.

Comme je l'ai déjà dit, la prise de conscience est un élément essentiel de la guérison de la cage de l'abus. Mais lorsque nous nous enfermons dans notre cage parce que le choc de l'événement initial est encore présent dans notre corps, nous agissons à l'*opposé de* la prise de conscience.

Nous fonctionnons en transe.

FONCTIONNEMENT DE LA TRANSE

Si l'information sensorielle de ce qui s'est passé est fréquemment déclenchée, vous commencez à fonctionner comme l'"anti-vous". Si vous vous souvenez bien, l'anti-vous vous empêche de générer et de créer dans votre vie.

Si vous vous présentez comme l'"anti-vous", il est probable que l'une des deux choses suivantes se produise.

- Vous avez conscience que quelque chose ne va pas, mais vous n'arrivez pas à l'atteindre.
- Vous avez vécu à l'intérieur de la cage sans en être conscient.

Dans les deux cas, il y a généralement une tendance à blâmer le monde extérieur pour ce que l'on ressent à l'intérieur.

ATTIRER PLUS DE LA MÊME CHOSE

Plus nous agissons à l'intérieur de la cage de la maltraitance, plus nous attirons à nous d'autres cas de maltraitance. La résonance du choc de l'événement initial et la façon dont nous fonctionnons moléculairement à partir de cette résonance signifient que nous attirons des êtres similaires qui fonctionnent à partir du même endroit.

Lorsque nous nous considérons comme des victimes et que nous avons le sentiment que des abus ont été perpétrés à notre encontre, d'autres auteurs sont attirés par nous et répètent le cycle..,

Nous ne voyons pas qu'ils sont simplement enfermés dans leurs propres cycles, et que nous jouons également un rôle pour eux. Au contraire, à travers nos filtres, ils semblent être nos agresseurs et nos oppresseurs, rien de plus. Si cela vous arrive, une partie de vous croit probablement que cela signifie que quelque chose ne va pas chez vous. Comme je l'ai souligné dans l'introduction de ce livre, il n'y a rien de mal en vous si vous avez continuellement attiré des abus dans votre vie dans des cycles similaires. C'est simplement qu'une fois que l'abus s'est produit dans votre vie, vous n'avez pas su comment arrêter de le recréer.

LA PERPÉTRATION D'ABUS CONTRE SOI-MÊME

Lorsque nous sommes victimes d'abus, nous adoptons la réalité de l'auteur de l'abus comme si c'était la nôtre. Qu'il s'agisse d'abus financiers, émotionnels, physiques, domestiques, spirituels ou sexuels, la réalité de la personne qui nous les a imposés finit par devenir la réalité à travers laquelle nous faisons l'expérience de notre monde.

En biophysique, il existe un terme appelé "mimétisme biomimétique", qui signifie simplement que nous avons adopté la façon d'être au monde de quelqu'un d'autre comme s'il s'agissait de la nôtre. Nous faisons souvent l'expérience du mimétisme biomimétique avec notre agresseur, ce qui peut nous aider à comprendre comment l'agressé peut parfois devenir l'agresseur. Une autre façon de voir les choses est que nos réponses conditionnées, habituelles, deviennent un chemin de la douleur. Par exemple, l'auteur de l'agression pourrait croire qu'il était mauvais ou malveillant, et cette énergie nous est transmise pendant l'acte. Nous commençons alors à nous comporter comme si nous étions mauvais ou méchants. Cela maintient l'événement original en vie, ajoutant plus de carburant au feu du SSPT et ne permettant jamais à la croissance post-traumatique de se produire.

Le mimétisme biomimétique prend de nombreuses formes et ne signifie pas nécessairement que nous deviendrons comme l'auteur de l'infraction. Le plus souvent, cela signifie que nous adoptons un élément de leur façon d'être dans le monde et que nous nous l'imposons à nous-mêmes. Lorsque nous imitons biomimétiquement nos agresseurs, cela signifie que nous fonctionnons sur les mêmes voies de douleur qu'eux. Dans ce cas, nous ne sommes jamais vraiment en communion avec nous-mêmes car, à un certain niveau, nous cherchons inconsciemment à obtenir l'approbation de nos agresseurs en les imitant.

Par exemple, j'ai fait l'expérience du mimétisme biomimétique avec ma mère. J'ai eu une relation tumultueuse avec elle et, longtemps après avoir atteint l'âge adulte, je fonctionnais encore à partir de sa réalité énergétique. Pour moi, cela s'est traduit par une difficulté à rester seule. Je n'ai jamais été à l'aise seule et j'ai toujours voulu être avec quelqu'un. J'avais également du mal à générer et à créer dans ma vie - ce que l'on appelle parfois "se tenir debout". J'ai passé des décennies à générer et à créer à partir de la réalité de ma mère - non seulement dans mon corps et mon esprit, mais aussi dans ma carrière et mes finances. Je ne me rendais pas compte que je fonctionnais à partir de sa réalité lorsque je faisais cela.

L'une des indications que vous vivez peut-être dans les limites de la réalité que l'agresseur vous a imposée, c'est que vous vous retrouvez à agir à partir de votre petitesse. Vous prenez des décisions basées sur la peur plutôt que sur l'expansion. Dans mon cas, par exemple, j'ai laissé ma mère choisir l'école et les collèges où j'allais, plutôt que de me choisir moi-même. Une fois de plus, c'est l'auteur de l'acte qui a le pouvoir.

Ma mère était très autoritaire, jugeante et violente. Le message prédominant qu'elle me transmettait, ainsi qu'aux autres personnes de son entourage, était le suivant : "Je ne t'accepterai que si tu fais ce que je dis". En me pliant à sa volonté, je lui permettais de continuer à exercer son pouvoir sur moi. J'étais tellement enfermée dans la violence physique, le traumatisme et les abus, que je ne savais pas comment lui dire non. Dire oui à la réalité de quelqu'un d'autre, c'est en fait dire non à soi-même. C'est ce qui vous empêche d'être en communion avec vous-même.

Alors, comment savoir si ce que vous ressentez dans vos tripes vous appartient ou si c'est quelque chose qui appartient à quelqu'un d'autre et que vous avez fait passer pour vôtre ?

EXERCICE DE JOURNAL : QUELLE RÉALITÉ ÊTES-VOUS ?

Qu'est-ce que votre père et votre mère, ainsi que les autres personnes de votre entourage, vous ont appris sur vous, votre corps, votre vie et votre réalité et que vous continuez à croire ou à créer votre vie consciemment ou inconsciemment ?

Ces croyances sont-elles votre vérité ? En d'autres termes, les choisissez-vous maintenant ?

Au fond, nos croyances nous servent d'une manière ou d'une autre. Comment ces croyances ou comportements vous maintiennent-ils enfermé dans la cage et vous servent-ils en même temps ?

Pouvez-vous identifier comment le fait de répondre aux besoins des autres vous maintient dans une vie de compromis ?

Nos agresseurs peuvent ou non encore faire partie de notre vie. Ils peuvent être vivants ou morts. Mais lorsque nous leur cédons notre pouvoir, nous fermons toutes les possibilités et vivons dans la limitation. Vous devenez alors l'auteur de l'infraction contre vous. Une fois que ce " retournement " se produit, vous vivez complètement à partir d'une réalité automatisée. Lorsque nous parlons d'agression contre vous, il ne s'agit pas seulement de l'acte d'agression lui-même. Il s'agit de tous les autres actes de violence qui se sont produits dans votre vie et que vous avez considérés comme votre vérité - toutes les décisions, conclusions, perceptions, souvenirs, rêves et jugements que d'autres ont formulés à votre sujet et que vous avez, à votre tour, transformés en votre propre réalité - et qui constituent essentiellement votre programmation sur votre méchanceté.

Vous êtes un aimant de conscience, vous percevez, connaissez, êtes et recevez de l'énergie de toute la planète, du monde entier, de vos ancêtres, de votre corps, de votre voisin, de vos patrons, de vos collègues, de vos églises, et ainsi de suite.

EXERCICE ÉNERGÉTIQUE : SE DÉBARRASSER DE CE QUI NE VOUS APPARTIENT PAS

Fermez les yeux et placez vos mains sur le thymus et le pubis. Respirez trois fois par la bouche et dites : "HI BODY ! HI BODY ! HI BODY ! HI ME ! HI ME ! HI ME ! HI EARTH ! HI EARTH ! HI EARTH !" Développez votre énergie jusqu'à toucher les quatre coins de la pièce dans laquelle vous vous trouvez et respirez. Expirez autant que vous le pouvez vers le haut, vers le bas, vers la droite, vers la gauche, vers l'avant et vers l'arrière. Inspirez par l'avant, par l'arrière, par la droite et par la gauche. Respirez en partant de vos pieds et en descendant jusqu'à votre tête. Répétez tous les "Bonjour" ci-dessus. Ouvrez les yeux.

Remarquez ce que vous ressentez ou tout changement dans votre énergie.

En résumé, tant que vous ne serez pas disposé à choisir et à créer à partir de votre réalité, vous choisirez à partir de la réalité des autres. Et lorsque vous compromettez votre propre réalité au profit de celle de quelqu'un d'autre, le corps perd beaucoup d'énergie. Cela vous prive de votre vitalité essentielle. C'est le "but" de la cage invisible - vous ne pouvez jamais vraiment exister en tant que VOUS.

5

LA SANTÉ ET VOTRE CORPS

"Et j'ai dit à mon corps, doucement : "Je veux être ton ami". Il a pris une longue respiration et a répondu : "J'ai attendu cela toute ma vie".

— *NAYYIRAH WAHEED*

Avez-vous parfois l'impression d'être en guerre avec votre corps ? Si vous avez subi des violences, c'est souvent le cas. Il y a trois façons principales de se sentir en guerre avec son corps :

- Vous vous retrouvez à faire passer les besoins des autres avant les vôtres.

- Vous jugez constamment votre corps.
- Vous passez outre les signaux et les demandes
  de votre corps.

Dans ce chapitre, nous verrons comment la maltraitance ouvre la voie à une guerre avec son corps, et ce que l'on peut faire pour retrouver la paix et l'harmonie dans son propre corps.

1. FAIRE PASSER LES BESOINS DES AUTRES AVANT LES SIENS

En cas de maltraitance, vous devenez invisible alors que l'agresseur est visible. Vos besoins deviennent invisibles alors que ceux de l'agresseur augmentent. C'est ainsi que se met en place le modèle de la cage invisible de la maltraitance.

Dans la cage de la maltraitance, vous croyez qu'il est normal que les besoins des autres soient plus importants que les vôtres. À partir de là, vous passez outre les nombreux signaux et demandes de votre corps, tout en plaçant fréquemment les besoins des autres en premier. En vous rappelant les 4D, vous pouvez constater que vous niez avoir des besoins, ou que vous *vous dissociez*, parce que vous pensez que votre corps n'a pas d'importance. Vous vous *déconnectez* de la pensée que vous avez le droit de recevoir quoi que ce soit, et vous *vous défendez* contre tout ce qui vient à vous. Cela crée des couches de densité sur votre corps - le poids, l'étroitesse, la rigidité, le contrôle, la constriction, etc.

Au fil des ans, vous vous habituez à ce que les besoins des autres soient plus importants que les vôtres. Le schéma s'aggrave. Vous vous *dissociez de* votre corps et le traitez comme s'il n'avait pas d'importance, tout en vous sentant emprisonné par lui. Le résultat est que vous vous *déconnectez* de votre corps et que vous vivez dans votre esprit. Or, l'esprit ne représente que 10 % de votre corps, ce qui signifie que vous niez les 90 % restants.

2. JUGER SON CORPS

Lorsque vous *niez, dissociez, déconnectez* et vous *défendez* contre votre corps en le jugeant, vous commencez à vous enfermer encore plus profondément dans la cage de l'abus. Le résultat est que votre corps commence à gonfler. Il devient dense. Il devient étroit. Il commence à avoir des douleurs. Il commence à avoir des problèmes.

Lorsque votre corps devient plus rigide, votre pensée devient également plus rigide. Vous commencez à voir les choses en noir et blanc, ou à penser qu'elles ne peuvent être faites que d'une seule manière. Vous perdez votre pensée créative au profit de conclusions et de points de vue fixes.

Il se peut également que vous preniez du poids ou que vous vous sentiez plus lourd. Souvent, lorsque nous prenons du poids dans notre corps, cela a plus à voir avec la haine de soi, les jugements, les décisions et les conclusions que nous avons prises à notre sujet, sur la base de ce qui nous est arrivé dans le passé. Même si vous n'avez pas de problème de poids physique, le poids peut se manifester par d'autres types de lourdeurs, comme la dépression. Cela peut également être dû à la densité que vous gardez dans votre corps à cause des abus.

Le poids peut être constitué par les toxines que vous retenez encore de vos agresseurs. Il peut également provenir des jugements que vous avez portés sur d'autres personnes, ainsi que des jugements que vous portez sur vous-même. Parfois, il s'agit d'une défense que vous avez créée pour essayer de vous protéger des autres agresseurs. Et en maintenant ce poids en place, le message sous-jacent est que tous les autres membres de votre entourage sont pour vous des agresseurs potentiels.

Créer le changement à partir du jugement

Lorsque nous regardons notre corps et que nous décidons de le changer, nous partons souvent d'un lieu de jugement. Nous nous considérons comme mauvais ou erronés parce que notre corps est tel qu'il est.

Chaque fois que vous décidez que quelque chose ne va pas chez vous, elle provient d'un jugement.

Il se peut que nous fassions un plan pour faire plus d'exercice ou manger moins, mais ce plan est généralement basé sur la privation de toute forme de plaisir. Souvent, lorsque nous avons été maltraités, nous avons tendance à recourir à des méthodes plus dures pour perdre du poids et à des plans rigides. Nous avons déjà l'impression que notre corps a été maltraité, et nous continuons à perpétuer cette impression et à nous pousser à atteindre des objectifs de perte de poids durs et irréalistes, ce qui a tendance à se retourner contre nous. Nous ne savons pas vraiment comment nous lier d'amitié avec notre corps parce que nous n'agissons pas avec bienveillance à son égard. D'une certaine manière, nous perpétuons les abus que nous avons subis.

Les schémas de dysharmonie

Dans le chapitre trois, nous avons expliqué comment vos émotions pouvaient être harmonieuses ou disharmonieuses, selon que vous opériez à partir des fréquences harmoniques inférieures ou supérieures. Rappelez-vous que les schémas de disharmonie créent la maladie, la déconnexion et la défensive.

Le phénomène corps/esprit est bien réel. Les graisses et les toxines stockées dans votre corps sont en fait le miroir des jugements, des décisions et des conclusions que vous avez pris. Malheureusement, beaucoup d'entre nous choisissent le poids des toxines et des jugements comme notre vérité, au lieu de la légèreté et de l'expansion des harmoniques supérieures. Mais en choisissant de garder le poids, vous gardez en fait ces jugements et ces conclusions comme votre réalité vivante - vous enfermant de plus en plus profondément dans la cage. Lorsque nous considérons notre corps autrement que comme un cadeau, nous ressentons un profond manque de paix.

3. PASSER OUTRE LES SIGNAUX ET LES DEMANDES DE VOTRE CORPS

Une autre façon de perpétuer l'abus est d'ignorer ce que notre corps réclame. Notre corps possède une sagesse innée, qui a été compromise par le mode de vie du 21e siècle. Cependant, les abus compromettent encore plus cette sagesse. Le déni, la déconnexion et la dissociation nous coupent des nombreux signaux et demandes de notre corps. Trop souvent, cette sagesse innée est endormie par la nourriture, l'alcool ou les drogues. L'esprit et le corps sont perturbés lorsque nous mangeons de manière émotionnelle ou que nous répondons à des fringales. Ignorer la sagesse innée du corps nous éloigne de nous-mêmes. Socialement, il est devenu normal de se conformer à cette façon de faire plutôt que d'écouter ce dont notre corps a besoin.

J'ai vécu une expérience il y a quelque temps. J'ai décidé d'aller dans l'un de mes restaurants indiens sans gluten préférés. J'y étais déjà allée et j'avais toujours adoré. Pourtant, alors que j'y allais en voiture, mon corps a commencé à me dire : "Non, ce n'est pas bon pour toi en ce moment".

Je pensais que je m'en remettrais une fois sur place, mais quand j'ai commencé à manger, le goût n'était pas bon. Pourtant, je n'ai pas arrêté. La nourriture ne s'est pas bien installée dans mon corps. Toute la nuit, j'ai été mal à l'aise, mais ce n'était pas seulement à cause de la nourriture, c'était aussi parce que ma pensée et mon corps étaient en guerre l'un contre l'autre. Je n'avais pas écouté mon corps, même s'il m'avait donné des signaux très clairs.

EXERCICE DE JOURNAL : MANGEZ-VOUS EN CONNAISSANCE DE CAUSE ?

Combien de fois avez-vous ignoré les signaux de votre corps et mangé alors que vous n'aviez pas faim, que vous étiez triste ou en colère ? Combien de fois avez-vous mangé alors que votre corps vous disait "non", parce que vous alliez dîner ou participer à un événement social ?

Notez les moments où vous avez faim. Posez-vous la question : Ai-je faim ou suis-je contrarié ? Ai-je soif ou ai-je besoin d'un ami, d'un câlin, d'une promenade ? Commencez à remarquer ce que votre corps essaie de vous dire.

GUÉRIR LES ABUS DU CORPS

Ce que la plupart des gens - y compris les thérapeutes traditionnels - ne comprennent pas, c'est que si l'on veut guérir d'un abus, le premier endroit où l'on doit aller est le corps. Je n'ai jamais vu autre chose. Malheureusement, c'est souvent le dernier endroit où l'on veut aller. Ce qu'il faut comprendre, c'est que les abus augmentent la séparation entre l'esprit et le corps, et que la guérison des abus comble ce fossé de séparation. Vous devez littéralement apprendre à détacher le traumatisme du corps. Il est essentiel d'apprendre à résoudre les désaccords physiques, afin d'être en harmonie avec son corps.

Lorsque vous êtes en harmonie avec vous-même, vous êtes en harmonie avec tout - toutes les molécules de l'air, de l'eau et de l'air.
le monde. Si vous êtes séparé de votre corps, vous êtes séparé de tout.

La première étape consiste à refuser de laisser les abus du passé vous dominer plus longtemps. Dans ce livre, nous avons souvent insisté sur le fait que l'une des choses les plus précieuses en vous est votre capacité à choisir. La première étape consiste à choisir de ne plus laisser les besoins des autres l'emporter sur les vôtres, de ne plus juger votre corps ou d'ignorer ses demandes.

Arrêt de clôture

Il est essentiel de voir comment les mauvais traitements subis dans le passé se manifestent sur votre corps. Au lieu de vous considérer comme gros, laid, mauvais ou incorrect, vous pouvez commencer à voir que ces jugements viennent de quelqu'un d'autre ou d'une autre époque, et commencer à créer votre corps à partir d'un lieu de droiture et de plénitude.

Au lieu d'essayer de changer notre corps par le jugement et la punition, nous pouvons faire des choix
basés sur un nouveau paradigme de "résolution". Cela
signifie que nous choisissons de nous voir et de voir
notre corps à partir d'un niveau de conscience différent, basé sur la gentillesse, l'attention et la bienveillance plutôt que sur le blâme, la honte, le regret et
l'autopunition.

Au fur et à mesure que nous nous libérons du jugement de notre corps, nous commençons à voir le lien
entre le poids que nous portons sur notre corps et la
lourdeur du problème de la maltraitance.

Vous cessez de juger votre corps lorsque vous cessez de
vous rejeter, de vous éjecter et de vous évincer de toute
possibilité. Votre santé, votre corps (ainsi que votre
argent, votre richesse et vos relations, que nous explorerons dans les chapitres suivants) sont tous liés au
rejet, à l'éjection et à l'éviction de toute possibilité.

*Que faudrait-il pour que vous puissiez créer la joie de la
possibilité avec votre corps ?
en vous acceptant et en vous considérant comme une
possibilité ?*

Votre corps est un système de détection du plaisir.
Cependant, à ce jour, vous avez probablement complè-

tement éradiqué l'expérience du plaisir, ou vous avez déformé ou limité le plaisir que vous autorisez à des gratifications instantanées telles que le chocolat ou d'autres excitants temporaires. Pourtant, votre corps a été conçu pour le plaisir et câblé pour la félicité.

EXERCICE DU JOURNAL : CHANGEZ L'ORIENTATION DE VOTRE ALIMENTATION

Au lieu de la routine habituelle du dernier régime ou de la dernière mode qui vous pousse à juger votre corps, que pouvez-vous faire pour augmenter le plaisir que vous ressentez dans votre corps afin que votre attention ne se porte plus sur ce qui ne va pas ? Ne vous demandez pas comment vous pouvez perdre du poids ou changer votre corps. Demandez-vous plutôt comment vous pouvez vous libérer des schémas de jugement qui le retiennent.

Notez dix jugements que vous portez sur votre corps. Chaque jour de la semaine suivante, pour chaque jugement que vous avez écrit, choisissez une action différente pour le remplacer.

Écouter son corps et donner la priorité à ses besoins

Dans le nouveau paradigme de la "résolution", vous ne forcez plus votre corps à changer. Vous décidez d'arrêter la guerre avec votre corps, quoi qu'il en coûte pour effectuer ce changement. Vous devez être prêt à prendre cette résolution. Vous devez accepter d'être visible et de faire valoir vos besoins. Rappelez-vous que si vous avez été maltraité, les besoins de tous les autres sont devenus plus visibles que les vôtres. Vous devez prendre la résolution de rendre vos propres besoins visibles. L'univers vous montrera qu'il vous soutient. Mais vous devez aussi être prêt à assurer vos propres arrières.

Apprendre à communiquer avec son corps et à lui demander ce dont il a besoin peut entraîner de grands changements. Le simple fait de demander fréquemment "Bonjour corps, de quoi as-tu besoin en ce moment ?" vous permet de reconnaître que vous avez un corps et de mettre fin aux schémas de dissociation.

Si vous avez été déconnecté de votre corps pendant un certain temps, il se peut que vous ne compreniez pas ce qu'il vous dit au début. Lorsque quelque chose se présente dans votre corps, vous pouvez vous poser des questions telles que : "Si mon corps (ou cette partie de mon corps : nommez-la) pouvait parler, que dirait-il ? Qu'est-ce que tu me dis ? Est-ce pour maintenant ou pour plus tard ?" (En ce qui concerne la dernière question, il arrive que votre corps vous montre quelque chose qui demande à être guéri dans le cadre d'une séance de guérison plus profonde qu'il ne serait pas approprié de faire au moment où cela se présente).

EXERCICE : BOUGEZ, BOUGEZ, BOUGEZ

Parfois, vous vous réveillez avec une sensation de lourdeur ou de densité dans votre corps sans savoir pourquoi. Au lieu d'accepter cet état, demandez-vous ce que vous pouvez faire pour le dépasser. Allez sur le tapis roulant. Sortez et bougez votre corps. Jouez du tambour, tapez des mains, dansez ou chantez. Bougez votre corps pendant 30 secondes et voyez ce qui change. Passez à une minute ou deux.

Vous pouvez également régler un minuteur sur 15 minutes et écrire la phrase suivante : Une chose que mon corps ne voudrait pas que je sache est ______________ (terminez la phrase). Faites-le pendant 15 minutes, puis déchirez-le et reprenez le cours de votre journée.

Rappelez-vous que la maltraitance n'est pas seulement un événement, c'est une expérience qui touche tout le corps. Aucune partie de vous n'échappe à ce sentiment, mais vous pouvez changer les sentiments qui surgissent plus instantanément que vous ne le pensez.

Agissez en fonction de la reconnaissance que vous donne votre corps.

Au début de mon cours sur le corps, je dis aux participants d'imaginer qu'ils placent leur tête sur un hamac au bord de la plage et qu'ils donnent à leur corps la possibilité de reconnaître ce qu'il sait. Pour beaucoup de gens, la tête est devenue l'endroit d'où l'on navigue dans la vie, alors que nous voulons inclure la sagesse et la conscience que le corps possède. Le corps sait tout. Vous avez juste appris à ne pas lui faire confiance. Dites encore et encore : "Salut le corps, salut le corps, salut le corps". Il y a une certaine vulnérabilité à cela. Vous pouvez entrer dans cet espace de vulnérabilité et l'élargir, ce qui vous permet de recevoir beaucoup plus.

Notre corps est adaptable et brillant et il a des capacités étonnantes - lorsque nous voyons la brillance de ce que notre corps peut être, nous pouvons opérer à partir de sa force puissante et dynamique.

EXERCICE : UN NOUVEAU JOUR

Pendant une journée, faites comme si votre corps avait raison sur toute la ligne. Quelle que soit la conscience qu'il vous donne, faites comme si, pour la journée, vous vous engagiez à agir en conséquence. Quel avenir cela créerait-il ?

En résumé, vous avez probablement l'habitude de juger votre corps, d'ignorer ses signaux et ses demandes et de faire passer les besoins des autres avant les vôtres. Une partie de la guérison de l'abus consiste à inclure le corps tout entier et à reprendre contact avec son intelligence. Le corps en sait bien plus que vous ne le pensez, et lorsque vous sortez la tête de l'équation et que vous apprenez à écouter votre corps, vous ferez l'expérience d'une plus grande présence et d'une meilleure relation avec vous-même et avec la terre.

6

RELATIONS ET SEXUALITÉ

Si vous avez été victime d'abus à quelque niveau que ce soit, il y a de fortes chances que le sexe et les relations ne soient pas si faciles pour vous. Le fait est que vous avez besoin de votre corps pour avoir une relation, quelle qu'elle soit, et, comme nous l'avons vu dans le dernier chapitre, c'est dans le corps que sont stockés une grande partie des problèmes liés à la violence.

Il existe une multitude de façons d'explorer le sexe et les relations lorsqu'il s'agit d'abus. Dans ce chapitre, nous allons nous concentrer sur deux d'entre elles :

- Vous vous retrouvez à inventer des choses que vous croyez se produire dans votre relation et qui ne sont pas vraies.

- Vous vous sentez sortir de votre corps pendant l'acte sexuel.

Si vous pouvez arrêter de vous prendre la tête et d'inventer votre relation, et apprendre à rester dans votre corps pendant que vous faites l'amour, vous ferez l'expérience de la connexion et de l'intimité à un tout autre niveau.

INVENTER SA RELATION

Les relations peuvent être une douce communion, mais elles peuvent aussi être pleines de conflits, de traumatismes, de drames et de douleurs. La plupart d'entre nous ont eu un peu de communion sur le côté et un plateau plein de conflits en plein centre. Vos relations sont-elles joyeuses et agréables ? Ou bien sont-elles étouffantes et suffocantes ? Faites-vous l'expérience de la communion ou de la séparation ?

Une grande partie des problèmes que nous rencontrons dans nos relations provient de "l'invention de problèmes". Les inventions sont les mensonges que vous vous racontez, les choses que vous inventez et les histoires sur ce qui se passe qui ne sont pas vraies en réalité. Nous nous concentrons ici sur la façon dont vous agissez dans votre relation principale, mais l'invention d'histoires peut également se manifester dans d'autres domaines de votre vie.

Nous créons nos réponses, nos réactions et notre communication sur la base des inventions que nous avons sur la relation. Ces inventions nous empêchent de vivre la véritable intimité que nous désirons. Pourquoi ce schéma est-il si répandu dans les cas de maltraitance ? On en revient, comme toujours, à la cage invisible.

Lorsque vous êtes enfermé dans la cage, vous avez une conversation avec vous-même.

Vous inventez une conversation avec vous-même sur la base de vos schémas et de vos expériences, puis vous projetez vos conclusions sur votre partenaire, vos proches, vos enfants, etc.

La plaisanterie cruelle est que vous n'exprimez jamais ce qui se passe réellement dans votre esprit à votre partenaire ou à l'autre personne que vous aimez. Au lieu de cela, vous déformez ce qui se passe devant vous à cause de vos projections, et la relation s'en trouve déformée. Au lieu d'être la personne que vous aimez, elle devient la personne que vous voulez tuer ! Vous extériorisez votre colère à partir de la voix réprimée en vous, sans que votre partenaire ne sache jamais ce qui se passe réellement.

Ces "inventions" sont comme un gaz silencieux, qui s'infiltre dans la relation sans être nommé. Vous ne savez probablement même pas qu'il s'agit d'inventions parce que vous ne les regardez pas et ne posez pas de questions à leur sujet. Avant de réagir, vous pourriez vous poser la question suivante : "Est-ce vrai ou s'agit-il d'une invention ?" Mais vous ne vous êtes probablement pas posé cette question jusqu'à présent. Vous vous contentez d'en faire une vérité, d'y croire, d'agir en conséquence et de créer à partir d'elle. Ce faisant, vous vous enfermez de plus en plus dans la cage, tout en enfermant votre partenaire hors de votre cage.

Comme vous n'exprimez jamais à votre partenaire ce qui vous préoccupe vraiment, il ne pose jamais de questions et ne soulève jamais la question. Il peut dire quelque chose comme "Tu es fou", "Tu fais ça tout le temps" ou "Tu devrais peut-être aller chercher de l'aide". Mais ils ne savent pas comment vous demander vraiment ce qui se passe pour vous. Vous n'êtes pas en contact avec cela vous-même, alors ils ne peuvent pas non plus être en contact avec vous.

Signes que vous inventez vos relations

La première étape pour dépasser les inventions et entrer dans l'espace de la vraie communion est de voir les inventions que vous utilisez dans votre relation au lieu de baser votre relation sur des histoires qui ne sont pas vraies. Ces inventions vous empêchent de vivre la véritable intimité que vous désirez.

Comment savoir si vous êtes en train d'inventer votre relation ? Quatre signes permettent de repérer vos inventions :

1. Vos besoins n'ont pas d'importance et ceux de votre partenaire priment.
2. Vous vous sentez dépendant de votre partenaire et en même temps vous lui en voulez.
3. Vous avez conclu des accords tacites et inconscients tels que : "Si tu prends soin de moi, si tu me protèges et me sécurises financièrement, je prendrai soin de toi. Je préparerai les repas. Je m'occuperai de toi. Je ferai ce que tu veux."
4. Vous ne vous reconnaissez plus. Vous vous êtes créé un personnage ou un rôle. C'est ce que vous pensez devoir être pour être aimé. Il est fort probable que vous ne vous soyez

jamais demandé si vous aviez vraiment besoin d'être ainsi.

Vos inventions sont basées sur le passé

Les inventions que vous continuez à mettre en œuvre dans vos relations proviennent des anciens schémas d'abus que vous avez subis. Il s'agit souvent de schémas basés sur ce que vous avez appris dans vos relations ou sur ce qui vous a été enseigné, et qui sont généralement remplis de projections, de séparations, d'attentes, de rejets, de ressentiments et de regrets. Ainsi, au lieu de dépasser votre passé et de créer une nouvelle forme d'intimité, vous vous emprisonnez dans la cage de l'abus, en recréant votre passé et en vous enfermant encore plus dans ces mensonges et ces inventions. Souvent, vous ne pouvez jamais vraiment voir ce qui est juste devant vous, ou la beauté de l'être qui a décidé de partager sa vie avec vous.

En répétant avec votre partenaire la même dynamique que celle que vous avez connue dans votre enfance, vous créez des "vérités" sur l'autre qui sont en fait des inventions. C'est ainsi que vous entrez en relation et communiquez avec lui - tout est basé sur ces inventions. Or, ces inventions ne servent qu'à vous déresponsabiliser, même si vous les créez à propos de quelqu'un d'autre. Cela devient une dynamique de ressentiment qui n'est en fait qu'une conversation insensée que vous avez avec vous-même depuis l'intérieur de la cage.

Lorsque vous ne voyez pas l'autre personne en face de vous et que vous croyez aux mensonges, aux projections, aux attentes, aux ressentiments et ainsi de suite, vous créez en fait vos relations sur la base de ces filtres. Vous créez en fait une relation basée sur un mensonge. C'est ce que la plupart des gens appellent une "relation".

Il ne s'agit pas seulement d'un abus à votre égard, mais aussi d'un abus à l'égard de votre partenaire. C'est alors que la relation devient une guerre entre deux personnes. Parce que toutes ces croyances subconscientes autour desquelles vous avez créé vos relations étaient basées sur la limitation, la prise de décision inconsciente et votre propre conversation avec vous-même.

Il est bon de rappeler que si vous faites cela, il est probable que vos parents ou les personnes qui s'occupent d'eux vous l'ont enseigné. Mon père était souvent absent et je me souviens que lorsqu'il rentrait à la maison, mes parents étaient heureux de se voir. Mais je savais aussi que ma mère était furieuse qu'il ne soit pas plus souvent à la maison pour l'aider à s'occuper de ses trois enfants. Et je savais aussi, d'un point de vue énergétique, qu'il ne voulait pas être là. Il ne le disait pas, mais je le sentais. J'observais cette dynamique et je sentais la différence entre leur comportement et ce qui n'était pas dit. Leur feinte tentative d'affection ne me semblait pas correcte. Je savais que c'était un mensonge. Ils se donnaient des airs l'un à l'autre et pour les enfants. Ils ne parlaient pas des problèmes sous-jacents devant nous, mais ces problèmes apparaissaient dans leurs actes. Par exemple, ma mère faisait claquer l'assiette sur la table lorsqu'elle donnait à manger à mon père, et celui-ci répondait par une expression "invisible" de haine. Ils agissaient par leur comportement, sans leur voix. Telles sont les inventions inconscientes qui se déroulent dans les relations et qui font de la relation une guerre, un conflit et un drame - au lieu d'une joie et d'une communion.

Un nouveau modèle de relations

Les relations sont conçues pour vous permettre, à vous et à votre partenaire, d'en tirer profit.
de se développer ensemble, de contribuer les uns aux autres et de se réjouir mutuellement.

Je ne vis pas dans un idéal utopique où je pense qu'il n'y aura pas de conflits. Cependant, je crois que nous pouvons changer tout et n'importe quoi, y compris notre comportement dans les relations.

Il peut être très difficile de créer des changements si vous continuez à baser votre relation sur l'invention de problèmes. Lorsque vous vivez dans le "pays des inventions", vous ne parlez même pas de ce qui est vrai. Au lieu de cela, vous vous disputez sur des questions qui ne sont même pas réelles.

S'il vous est déjà arrivé de vous retrouver au cœur d'une dispute dans une relation et de dire quelque chose du genre "Je ne sais même pas de quoi nous nous disputons", vous comprendrez ce que je veux dire. Parfois, nous pouvons reconnaître qu'il s'agit d'une invention, et il y a une grande force à s'arrêter en plein milieu du flux et à dire : "C'est tout à fait mon invention. Je suis désolé. C'était à propos de XYZ, et ça n'a rien à voir avec toi".

La plupart d'entre nous ne se rendent pas compte qu'ils sont en train d'inventer, parce que la plupart du temps, l'invention semble tellement réelle, surtout lorsqu'elle s'accompagne d'émotions. Le problème, c'est que les émotions sont déclenchées *par nos expériences passées et* que, lorsque nous sommes chargés d'émotions, nos inventions semblent encore plus réelles.

Une fois que vous opérez davantage à partir de votre conscience et moins à partir de vos schémas, vous êtes en mesure de faire un choix à ces moments-là. Vous pouvez vous demander

- Qui vais-je choisir d'être ?
- Est-ce que je veux être un mensonge ou un personnage et rester enfermé dans la cage de l'abus ?
- Est-ce que je veux me lever avec détermination et avec une ténacité de la conscience et créer la communion ?

Vous avez le choix de créer une nouvelle possibilité et de vivre ensemble une plus grande expansion dans toutes vos relations - communautaires, sexuelles, financières, physiques, émotionnelles, mentales, psychologiques et spirituelles.

EXERCICE DE JOURNAL : CROYANCES RELATIONNELLES

Notez toutes les croyances qui se cachent au fond de votre tête au sujet des relations et posez-vous la question suivante : "Est-ce vraiment vrai ?" Faites-le pour tout ce que vous pensez, ressentez et percevez à propos des relations.

Si vous êtes en couple, parlez à votre partenaire après avoir terminé cet exercice de journal. Ayez une conversation avec lui (s'il est préférable d'ouvrir la conversation avec une tierce personne, je vous suggère de demander à un conseiller d'arbitrer certaines des parties potentiellement les plus difficiles**). Ouvrez la porte de la cage pour une certaine communion. Partagez ce que vous avez cru, perçu et dont vous êtes conscient afin qu'ils puissent vous aider à voir la vérité, au-delà de vos propres filtres. Ce faisant, soyez ouvert au fait que ce que vous partagez est basé sur un mensonge issu de votre programmation passée et de vos expériences de vie. Nous cherchons à ouvrir un nouveau niveau de communication consciente dans votre relation, au-delà de ce que vous avez tous deux été programmés à croire vrai. Une véritable communion au-delà du jugement vous aidera à ouvrir votre cage encore plus loin.

**Cette évaluation de votre relation a pour but de vous permettre de ne plus vivre dans la cage de la violence. Il peut être plus bénéfique d'en parler d'abord à quelqu'un, puis d'ouvrir la porte à des conversations potentiellement plus difficiles avec votre partenaire.

SEXE ET RELATIONS

Le sexe et les abus peuvent poser toute une série de problèmes, surtout si les abus que vous avez subis étaient de nature sexuelle. Si vous avez été victime d'abus, l'une des choses les plus importantes que vous pouvez constater est que vous "disparaissez" pendant les rapports sexuels. Au chapitre 2, nous avons parlé de déconnexion. Le fait de disparaître pendant l'acte sexuel - en se réfugiant dans un endroit sûr ou en se retirant davantage à l'intérieur de la cage - peut souvent être déclenché pendant l'acte sexuel.

Vous arrive-t-il de disparaître pendant les rapports sexuels ?

Imaginez ce scénario et voyez s'il vous est familier :

Vous êtes allongé sur le dos dans une position vulnérable. C'est censé être agréable, amusant et plaisant, mais quelque chose se produit et vous déclenche. Il peut s'agir d'un regard de votre partenaire ou de quelque chose qu'il dit ou fait et qui vous rappelle l'agression initiale. Immédiatement, votre esprit se tourne vers les abus passés, les souvenirs, la réaction de fuite ou de combat, etc. Vous commencez à retenir votre respiration. Vous vous sentez plus en sécurité en quittant votre corps et vous le faites, laissant votre passé d'abus en vie et menant le jeu à nouveau. Vous vous dissociez et vous vous séparez de vous-même, mais vous n'exprimez pas ce qui se passe, en grande partie parce que votre position est probablement similaire à celle que vous avez adoptée lorsque vous avez été victime d'abus à l'origine. Vous restez là, à faire ce que vous avez à faire, et les barreaux de votre cage se verrouillent. Il est fort probable que vous n'éprouviez aucun plaisir. Si vous en éprouvez, ce n'est pas un plaisir profond. Vous faites semblant ou vous prétendez que c'était amusant. Pendant ce temps, vous vous posez peut-être l'une ou l'autre de ces questions :

- Que se passe-t-il ?
- Qu'est-ce qui ne va pas chez moi ?
- Est-ce que j'aimerai un jour faire l'amour ?"

Je vais vous faire part de mon point de vue sur ces quatre questions.

Que se passe-t-il ?

Que se passe-t-il réellement à l'intérieur de la cage de l'abus lorsque vous êtes déclenché de la sorte ? Fondamentalement, le plaisir de la sexualité ne peut être perçu parce que vous et vos besoins sont devenus invisibles.

Vous vivez le jugement que vous avez porté lors de vos abus passés.
Vous avez cessé d'exister. Vos besoins étaient alors des limitations. Vos besoins n'avaient pas d'importance. Vous n'aviez pas d'importance.

Ainsi, pendant les rapports sexuels, vous n'exprimez pas vos besoins et ceux de votre partenaire deviennent plus importants. Mais comment le sexe peut-il être amusant et agréable si vous n'êtes même pas présent ?

Qu'est-ce qui ne va pas chez moi ?

Il n'y a rien qui cloche chez vous. Je sais que vous avez peut-être entendu cela intellectuellement de bien des manières différentes, en particulier lorsqu'il s'agit d'abus. Mais il n'y a pas lieu d'avoir honte de disparaître pendant les rapports sexuels. Je l'ai fait à de nombreuses reprises et des milliers de mes clients l'ont fait aussi. Et ces jours-ci, j'ai des expériences sexuelles radicalement agréables et orgasmiquement vivantes. Cela signifie que vous le pouvez aussi.

Cependant, si vous vous trompez en disparaissant, vous restez enfermé dans la cage. Par conséquent, si cette réaction automatique se déclenche, la première chose à faire est de vous accorder une pause. Vous n'avez rien à vous reprocher si vous disparaissez pendant un rapport sexuel. Vous devez simplement reconnaître ce qui s'est passé et qui vous a fait disparaître, vous déconnecter ou vous dissocier. Il y a forcément quelque chose qui s'est passé, ou quelque chose que votre partenaire a dit ou fait, ou une façon dont il vous a touché qui a déclenché le flash-back de l'abus. La première chose à faire est donc de le reconnaître et d'en parler. Mais la plupart d'entre nous se taisent, le corps frigorifié et gelé - nous nous séparons énergétiquement. Lorsque vous reconnaissez ce qui s'est passé, vous pouvez créer une nouvelle histoire dans le présent - non seulement avec vous-même et votre corps - mais aussi avec la personne qui se trouve juste en face de vous (ou sur vous ou à côté de vous !).

Aurai-je un jour du plaisir à faire l'amour ?

Vous pouvez recommencer à apprécier le sexe si vous êtes prêt à donner de l'importance à vos besoins. Pour cela, vous devez vous choisir. Il faut aussi que vous cessiez d'être invisible. En retour, cela exige que vous arrêtiez la guerre des jugements à votre égard. Dans le dernier chapitre, nous avons parlé de la reconnexion avec vos centres de plaisir et du plaisir de vivre dans votre corps. Il s'agit d'une communion à tous les niveaux de votre expérience corporelle, qui n'est pas exclusive au sexe.

Comment savoir si vous avez quitté votre corps pendant l'acte sexuel ?

Si vous quittez mentalement ou émotionnellement votre corps ou votre partenaire au milieu de l'acte sexuel, ce qui était peut-être agréable devient soudain lourd, étroit et dense. C'est le premier signe que quelque chose s'est produit qui vous a déclenché et vous a fait vous retirer dans la cage invisible. Vous remarquerez peut-être que vous vous jugez vous-même et que vous avez des pensées du genre : "Sois présent. C'est ton partenaire. Tu ne ressens rien. Il peut voir que vous n'êtes plus là".

Il se peut aussi que ce soit un auto-jugement sur une certaine partie de votre corps qui vous fasse entrer dans la cage. Votre partenaire commence à toucher une partie de votre corps avec laquelle vous ne vous sentez pas à l'aise, comme vos hanches, et vous entamez un dialogue intérieur avec vous-même. Vous entamez alors un dialogue intérieur avec vous-même : "Comment peut-il me toucher à cet endroit ? Je me sens si grosse et si peu attirante", et vous vous sentez maintenant lourde et oppressée à l'idée que quelqu'un puisse avoir envie de vous et vous désirer. En vous retranchant davantage dans votre tête, vous commencez à vous séparer. Et avant que vous ne vous en rendiez compte, vous ne faites que suivre le mouvement et vous n'êtes plus présent.

Devenir plus présent pendant les rapports sexuels

Avez-vous déjà été présent lors d'un rapport sexuel ? Si c'est le cas, vous avez peut-être remarqué que c'est une expérience beaucoup plus agréable. Si ce n'est pas le cas, le choix est de réapprendre à votre corps et à vous-même à faire en sorte que cela devienne possible pour vous.

La première chose à faire est de reconnaître l'énergie qui nous empêche d'être sexuellement présents. C'est un appel à se réveiller d'une réalité somnambulique. Vous pouvez changer cette énergie de mort en la reconnaissant, en la remettant en question, en l'embrassant et en l'incarnant. C'est un peu comme surfer sur une vague dans l'océan. Avez-vous déjà essayé de lutter contre une vague dans l'océan ? Elle gagne. Vous perdez. En revanche, si vous surfez sur la vague, vous vous amusez beaucoup et vous pouvez la remonter jusqu'au rivage.

Plutôt que d'essayer de se réparer ou de se considérer comme un problème,

ou avoir un problème à résoudre, ou se juger soi-même à ce sujet,

et si vous commenciez à reconnaître votre corps comme la présence qu'il est ?

Et si vous reconnaissiez votre corps maintenant, en cet instant ?

Placez votre main sur votre thymus (centre du cœur) et l'autre sur votre os pubien.

Respirez !

Dites : "Hi Body ! Salut le corps ! Hi Body !"

Respirez !

N'oubliez pas que nous ne faisons quelque chose que parce qu'il y a un avantage à le faire. Le problème, c'est que cet avantage a été tiré à une époque, un lieu, une situation et généralement un âge bien antérieurs à celui d'aujourd'hui. En fait, la décision est dépassée, mais le comportement est toujours d'actualité.

Pour dépasser l'ancien espace d'exclusion, vous commencez à considérer les besoins de votre corps comme une possibilité et non comme une limitation. La limitation consisterait à vous séparer de vous-même et à poursuivre l'acte sans rien faire. La possibilité serait de reconnaître, pendant l'acte, ce qui se passe. Regardez à l'intérieur de votre corps et voyez comment il se comporte. Est-il dense, lourd et contraint ou léger, expansif et libre ? Ou est-ce un peu des deux ? Demandez-vous ensuite ce dont votre corps a besoin pour changer ce schéma.

EXERCICE DE JOURNAL : CONSCIENCE SEXUELLE

Posez-vous les questions suivantes :

Quel est l'intérêt de me voir disparaître pendant l'acte sexuel ?

En quoi cela m'a-t-il été bénéfique ?

Est-ce que cela m'a permis de rester en sécurité ou de me protéger ?

Est-ce que cela m'a donné le contrôle à un certain niveau ?

Si je pouvais demander quelque chose dans ces moments-là, que voudrais-je ? Il est probable que vous n'ayez jamais osé arrêter quelqu'un pendant l'acte sexuel, ou peut-être que vous le faites toujours. Quoi qu'il en soit, voudriez-vous changer quelque chose ? Et si oui, quoi ?

Réveil

En entamant une conversation sur la question de savoir si vous disparaissez pendant les rapports sexuels, je vous invite en fait à vous réveiller. Cela signifie se réveiller à soi-même. Se réveiller, c'est aussi regarder ce que vous choisissez à un certain niveau - consciemment ou inconsciemment - pour voir si cela fonctionne pour vous. En entamant simplement un dialogue avec vous-même sur la sexualité, vous commencerez à comprendre à quel point vous êtes présent.

Il faut du courage pour être présent et examiner ce qui se passe dans votre relation sexuelle avec votre partenaire, car cela signifie que les choses risquent de changer.

Êtes-vous plus intéressé par le fait que les choses restent inchangées ou par le fait qu'elles ne changent pas ? êtes-vous plus intéressé par la vérité envers vous-même ?

Faire le choix d'être présent pendant l'acte sexuel vous permet de vivre plus consciemment et plus authentiquement à une multitude de niveaux. Lorsque vous choisissez d'être connecté pendant les rapports sexuels, vous permettez à l'acte sexuel d'être nourricier et honorant au lieu d'être déconnecté et désincarné. Vous mettez ainsi fin au cycle des abus. C'est choisir ce qui est le plus doux pour votre corps, votre sexualité et votre être. Et c'est l'une des clés d'une vie radicalement vivante.

L'une des choses que je dis toujours aux gens lorsque je travaille avec eux est de s'associer au temps et au lieu : "Ok, voici mon mari, voici mon partenaire, il est 14 heures samedi. C'est la personne que j'aime, c'est la personne avec laquelle j'ai choisi d'être en relation". Ensuite, demandez directement à votre corps : "Corps, qu'est-ce qui se passe pour toi ?".

Lorsque vous vous mettez à l'écoute de votre corps, c'est une façon de passer de la mort à la vie radicale, de passer du pilote automatique à l'engagement, et de passer de la souffrance à la joie. Parce qu'à ce moment-là, tout ce qui se passe, c'est que vous vous êtes séparée de votre mari ou de votre partenaire. À ce moment-là, vous vous séparez en fait de la réception. C'est un schéma - une façon d'être qui vous sépare de tous les niveaux de réception, qu'il s'agisse de recevoir financièrement, émotionnellement, physiquement ou sexuellement.

En résumé, les deux aspects les plus courants des problèmes relationnels rencontrés par les victimes d'abus sont l'invention de problèmes et la disparition pendant les rapports sexuels. Ces problèmes ne sont pas exclusifs à la maltraitance, mais ils sont incontestablement présents chez de nombreuses personnes qui ont été maltraitées. Prendre conscience du fait que nous inventons des problèmes et être davantage en contact avec notre corps lorsque nous l'avons quitté sont deux moyens de résoudre ces problèmes et d'être plus présent dans la relation.

Dans le prochain chapitre, nous explorerons la troisième façon dont les abus ont un impact sur notre vie, à savoir dans le domaine de la carrière et de l'argent.

7

———

ARGENT ET CARRIÈRE

Avez-vous déjà remarqué que les abus se manifestent également au niveau de l'argent, de la carrière et des finances ? C'est peut-être moins évident que dans votre corps et vos relations, mais cela joue tout de même un rôle majeur. Souvent, la façon dont nous nous estimons à la suite de la maltraitance et le niveau auquel nous nous autorisons à recevoir sont directement liés. Nous acceptons de travailler pour un patron ou une personne qui n'est pas aimable. Nous faisons des compromis sur nos rêves et, ce faisant, nous nous dévalorisons. Il s'agit là de formes d'abus de soi. Lorsque nous pensons à la maltraitance, nous avons tendance à penser à la maltraitance physique et à la maltraitance sexuelle. Mais les personnes qui ont subi des abus ne sont pas les seules à avoir une relation tumultueuse avec l'argent. C'est aussi l'une des façons dont nous nous maltraitons les uns les autres dans nos relations.

Dans ce chapitre, nous allons nous concentrer sur la façon dont vous avez pu bloquer le flux d'argent dans votre vie à cause de la programmation et du conditionnement. Nous verrons également comment vous avez pu permettre aux autres d'abuser de vous en ce qui concerne l'argent et les finances.

Abus autour de l'argent

L'abus d'argent est un peu plus difficile à diagnostiquer. Souvent, nous ne sommes pas conscients des croyances ou des points de vue que nous entretenons à propos de l'argent, ou des secrets et de la honte que nous portons et qui se transforment en ombre autour de la façon dont nous interagissons avec l'argent.

Cette ombre autour de l'argent est toujours là, tapie en arrière-plan. Vous ne savez pas de quoi il s'agit, mais vous avez l'impression que ce n'est pas normal. Vous n'en êtes pas vraiment sûr car cela ne ressemble pas à de la maltraitance, du moins pas à la manière d'une maltraitance physique ou sexuelle.

Vos programmes d'argent

Il n'y a peut-être pas de plus grande manipulation que le contrôle et la manipulation de l'argent sur le lieu de travail, dans les familles, dans les églises, dans les cultes et dans les religions. Tout cela est une forme d'endoctrinement. C'est une façon de maintenir les êtres radicalement vivants que nous sommes vraiment limités, restreints et contenus d'une certaine manière. C'est ainsi que l'on nous contrôle et que l'on nous apprend à rester petits.

Dès notre naissance, nous assimilons inconsciemment toutes sortes d'idées autour de l'argent. On nous dit : "L'argent est la racine de tous les maux" ou "Ne te fais pas trop d'argent". Nous sommes souvent programmés pour ne pas aller au-delà de ce que nos familles ont gagné. Une grande partie de notre culture nous incite à penser que la médiocrité est une bonne chose, qu'il faut s'efforcer d'y parvenir. Nous menons alors notre vie selon ces programmes inconscients, alors qu'une partie plus profonde de nous sait qu'il doit y avoir plus que ce à quoi nous nous sommes habitués.

Lors de l'une de mes émissions de radio, j'ai co-animé un programme avec Simone Milasas, mentor d'entreprise de renommée mondiale. J'ai demandé à Simone quels étaient les plus gros blocages qu'elle voyait chez les personnes qu'elle coachait pour qu'elles aient des relations professionnelles plus joyeuses. Elle a souligné que la source des blocages de la plupart des gens était leur incapacité à surmonter leur histoire autour de l'argent.

Elle a raconté qu'un de ses amis avait été victime d'une forme subtile de maltraitance liée à l'argent. Ses parents se disputaient sans cesse en disant : "Nous ne pouvons pas faire cela parce que nous avons un enfant" ou "Nous n'avons pas d'argent maintenant parce que nous avons un enfant". Il était le seul enfant. Il a grandi toute sa vie en pensant : "Mes parents n'ont pas d'argent parce qu'ils m'ont eu" et "Je dois réparer les dégâts que j'ai causés en naissant".

Au moment de l'émission, il vivait encore chez ses parents. Il travaillait et tentait de subvenir à leurs besoins plutôt que de créer sa propre vie. C'est un message qu'il a reçu insidieusement tout au long de son enfance, et il choisit toujours de vivre cette histoire aujourd'hui.

Ces types de modèles que nous apprenons deviennent une forme de mimétisme biomimétique. Si vous vous souvenez du chapitre 4, c'est lorsque nous répétons ce qui nous a été enseigné. Nous continuons à abuser de l'argent en répétant les conditions de notre programmation initiale. On nous apprend à modeler la douleur, les décisions, les jugements, les voies et les réalités de quelqu'un d'autre en ce qui concerne l'argent, sans même le savoir, ce qui réduit notre capacité à choisir notre propre réalité en la matière.

Nous abusons de nous-mêmes en ne demandant pas d'argent

Ce ne sont pas seulement les schémas du passé qui sont à l'origine de nos abus en matière d'argent. Nous pouvons aussi nous rendre compte que nous nous abusons nous-mêmes en ne demandant pas d'argent. L'une des façons de procéder consiste à prétendre que l'argent n'est pas si important ou que nous pouvons nous en passer. Dans d'autres cas, nous avons peur de revendiquer notre propre valeur. Nous ne demandons qu'une petite somme d'argent au lieu de demander ce que nous valons.

L'univers est là, avec tant de choses à offrir, et nous ne le demandons même pas.

— *SIMONE MILASAS*

Il y a une grande différence entre ce dont vous avez besoin pour vivre et ce dont vous auriez besoin pour vivre une vie pleine de possibilités. Là encore, cela dépend de votre passé. Peut-être vous a-t-on grondé parce que vous demandiez ce que vous vouliez, ou vous a-t-on appris à jouer petit. La question est la suivante,

- *Avez-vous encore des séquelles de cette réprimande ?*
- *Êtes-vous encore en train de jouer petit et de demander moins à cause de quelque chose que quelqu'un vous a appris ?*
- *Et si, au contraire, vous étiez autorisé à demander de l'argent, et pas seulement de quoi payer les factures ?*

Lors de notre entretien, Simone a déclaré : "Je pense que nous avons bien plus de valeur que le simple fait de payer les factures. C'est comme si c'était vous qui aviez de la valeur, pas les factures. Et si vous commenciez à vous reconnaître et à vous valoriser ? À quoi cela ressemblerait-il ?"

EXERCICE DE JOURNAL : LA CONSCIENCE DE L'ARGENT

Qui vous a dit que vous ne pouviez pas "demander plus" ?

Qui imitez-vous en conséquence ?

Quel est le niveau de stress dans votre vie à cause de l'argent ?

Voyez-vous qu'il s'agit d'une forme d'autolimitation et d'abus ?

Dans mes ateliers sur l'argent, je pose les trois questions suivantes :

- Qui êtes-vous ?
- Que faites-vous ?
- Quel est le mensonge auquel vous adhérez ?

Ce que j'ai constaté, c'est que les problèmes d'argent sont généralement des problèmes de "réception". En fonction de ce que signifie recevoir pour vous, vous pouvez projeter ces idées sur l'argent (et d'autres formes de réception). Par exemple, vous allez chercher un café. Vous êtes aux prises avec des problèmes financiers et vous ressentez un manque et un resserrement autour de tout, ce qui vous pousse à vous crisper sur l'argent. Lorsque vous payez votre café, au lieu de laisser le pourboire d'un dollar que vous avez l'habitude de donner, vous décidez de ne pas laisser de pourboire parce que vous vous inquiétez pour l'argent. C'est l'occasion d'un moment de croissance post-traumatique pour faire une pause et vous demander : "Qui suis-je ?" (ma mère), "Qu'est-ce que je suis ?" (pénible), et "Quel mensonge suis-je en train de gober ? (Je suis dans une situation délicate, je ne peux donc pas donner de conseil). Une fois que vous avez reconnu qu'il s'agit d'un mensonge, vous vous sentez libre de donner un pourboire pour briser le cycle.

LE STRESS ET L'INCONFORT LIÉS À L'ARGENT

Si les dettes de carte de crédit et la façon dont vous utilisez l'argent vous causent du stress, prenez-en conscience et acceptez-le. La plupart des gens ne veulent pas regarder leurs problèmes d'argent ou leurs comptes bancaires. Ils ne veulent pas savoir combien ils doivent générer et créer chaque mois. Ils veulent simplement rester dans cette roue de hamster. Ils s'enferment dans la croyance que "si je gagne tant, tout ira bien". Cependant, pour que quelque chose change, il faut se mettre *mal à l'aise* et examiner tous les aspects de la situation. Si vous prenez conscience de tout ce qui touche à l'argent, vous pouvez vous permettre de générer et de créer bien au-delà de votre niveau de confort actuel.

L'argent existe depuis longtemps. Même lorsque nous échangions des œufs contre des cochons, comme c'était le cas dans le système de troc, il s'agissait encore d'une forme d'argent. Vous avez créé un certain nombre de points de vue fixes à ce sujet, alors soyez indulgent avec vous-même. Mais ne vous maltraitez pas non plus. Acceptez que le changement se produise, mais s'il ne se produit pas du jour au lendemain, ne vous jugez pas et ne vous maltraitez pas pour autant.

— SIMONE MILASAS

QUESTIONS DU JOURNAL : COMMENT PARLEZ-VOUS D'ARGENT ?

Que se passe-t-il lorsque vous parlez de demander plus d'argent ? Êtes-vous disposé à le recevoir ?

Cette conversation vous semble-t-elle légère ou lourde dans votre corps ?

Qu'arrive-t-il à votre énergie lorsque vous dites que je ne peux pas me le permettre ou que je ne peux pas y aller ? Votre corps se sent-il léger ou lourd ?

Que créez-vous autour de l'argent à travers les mots et le langage que vous utilisez ?

Il s'agit en fait de choisir de se réveiller et d'arrêter de se maltraiter à tous les niveaux, y compris avec l'argent. Les gens me disent souvent : "Ce n'est pas si facile d'arrêter de se faire du mal". En fait, si. C'est facile si vous vous rappelez que tout est un choix et que vous choisissez de vous éveiller à ce que vous faites. Vous pouvez réellement choisir de changer en remarquant ce qui se passe en vous et, à ce moment-là, en vous arrêtant pour vous poser ce genre de questions :

- Est-ce que c'est de la lumière ?
- Est-ce que cela vous fait du bien ?
- Est-ce que cela me détruit ou me maltraite ?
- Est-ce que cela me nourrit ?
- Est-ce que cela crée l'avenir que je souhaite ?

L'INTIMITÉ DE L'ARGENT

Quel est votre degré d'intimité avec votre argent ? En d'autres termes, que savez-vous de l'argent que vous prétendez ne pas savoir ou que vous niez savoir ? Lorsque nous nous autorisons à savoir ce que nous savons vraiment sur l'argent, au lieu de fonctionner à partir de ce qui nous a été enseigné ou appris, cela peut ouvrir un flux incroyable d'abondance dans nos vies et dans notre mode de vie. Cependant, dans la cage de l'abus, vous êtes enfermé dans des points de vue fixes, des limitations et des croyances telles que : "Je suis un produit endommagé, je suis défectueux ou il y a une limite à ce que je peux recevoir". Ces idées apprises et ces systèmes de croyances font de l'argent une chose qui a un super pouvoir sur vous et que vous laissez vous dévaloriser et vous dégrader.

Il est important de noter que notre conscience est un vaste collectif d'énergie et d'informations stockées depuis la nuit des temps. Des cultures entières, des familles et des individus peuvent entretenir des croyances limitatives sur l'argent et le fait de recevoir depuis l'époque romaine. Connaissez-vous l'histoire de vos ancêtres et leur vision de l'argent ? Notre conscience peut véhiculer la dévaluation et la dégradation de ces systèmes anciens. Comprendre cela pourrait vous amener à vous demander si ce que vous croyez vous appartient vraiment.

L'argent sale

Notre rapport à l'argent nous conduit souvent à nous prostituer. Je ne parle pas de vendre notre corps pour le sexe. Je parle de faire un travail que nous ne voulons pas faire en échange d'argent. De nombreuses personnes se retrouvent à exercer un métier ou une carrière qu'elles n'aiment pas ou que leurs parents voulaient qu'elles poursuivent parce que l'argent est plus intéressant que d'être un "artiste affamé". La question est de savoir si votre travail vous comble ? Ou bien vous sentez-vous vidé à la fin de la journée ?

Nous avons également un point de vue sur l'origine de l'argent et sur les types d'argent que nous acceptons ou non dans notre vie. Il peut en résulter une "non-invitation" quotidienne à l'argent.

Argent poussiéreux, argent de la drogue, mauvais argent, bon argent, argent propre, tout tourne...

autour de l'idée que l'on se salit avec de l'argent. Nous nous jugeons nous-mêmes sur ce qu'il est acceptable de faire pour de l'argent et sur ce qui ne l'est pas non plus.

— KASS THOMAS

EXERCICE DE JOURNAL : AFFIRMATION SUR L'ARGENT

Partout où j'ai "désinvité" l'argent aujourd'hui, je le révoque et le reçois maintenant ! Je vous remercie ! Je suis reconnaissant et comblé !

Partout où j'ai "désinvité" la réception aujourd'hui, je la révoque et la reçois maintenant ! Je vous remercie ! Je suis reconnaissant et comblé !

Partout où je n'ai pas été invité à être moi aujourd'hui, je le révoque et je le reçois maintenant ! Je vous remercie ! Je suis reconnaissant et comblé !

Tout cela contribue à l'ombre que nous avons autour de l'argent, qui nous maintient enfermés dans notre cage invisible. Lorsque nous ne permettons pas à l'argent d'être une monnaie et de circuler avec fluidité dans nos vies, nous avons tendance à tomber dans les comportements des 4D - nier, défendre, dissocier, déconnecter - et c'est ce qui crée notre "réalité financière".

En résumé, nous nous abusons nous-mêmes avec l'argent de diverses manières, subtiles ou manifestes. Nous imposons des limites à ce que nous pensons pouvoir recevoir, sur la base de nos expériences et de notre programmation. Parfois, nous nous dévalorisons parce que nous avons été dévalorisés dans des situations d'abus. Pour devenir intime avec l'argent, nous devons reconnaître ce qui nous appartient et ce que nous achetons et qui appartient à d'autres personnes. Nous prenons conscience que ce que nous avons cru vrai à propos de l'argent est en fait un mensonge que nous avons cru - tout en créant l'exact opposé de ce que nous désirons vraiment. Comme l'argent est souvent un domaine dans lequel nous nous coupons de notre conscience, nous avons beaucoup à gagner en explorant notre relation avec lui. Il est alors possible de faire un choix différent.

PARTIE III

____

S'ÉCHAPPER DE LA CAGE

AU-DELÀ DES ABUS & VIVRE
RADICALEMENT VIVANT

8

SE LIER D'AMITIÉ AVEC LA CAGE DE LA MALTRAITANCE

Lorsque je parle de se lier d'amitié avec la cage de l'abus, je me réfère à la connexion avec soi-même à partir d'un endroit au-delà de la folie qui a créé la cage en premier lieu. Se lier d'amitié avec la cage de l'abus signifie se connecter à la liberté, à la joie et aux possibilités qui existent indépendamment de la cage. Vous n'avez pas besoin de récupérer quoi que ce soit pour sortir de la cage - et c'est là que mon approche diffère radicalement de ce que vous avez pu expérimenter auparavant. Au contraire, vous apprendrez à choisir au-delà de ce qui s'est produit.

Vous pouvez apprendre à faire des choix au-delà de la poursuite de l'acte. Vous découvrirez comment vivre sans faire de ce qui vous est arrivé (qu'il s'agisse d'un seul acte ou d'une série d'événements) le fil conducteur de toute votre vie. Pour ma part, j'ai choisi de ne pas laisser les abus que j'ai subis me définir. Il s'agit d'un processus continu dans le cadre duquel je choisis activement la manière dont je me présente à chaque instant, ce qui diffère grandement du modèle thérapeutique. Cela contraste fortement avec la croyance selon laquelle quelque chose est cassé et doit être réparé, et que lorsque ce sera fait, tout ira bien à nouveau. À l'âge de trois ans, j'ai vécu une expérience au cours de laquelle, pendant d'horribles sévices, ma conscience a quitté mon corps et j'ai assisté aux violences et aux viols subis par mon petit corps adorable. Je me souviens avoir décidé que, quoi qu'ils fassent à mon corps, ils ne m'avaient jamais eue et qu'ils ne pourraient jamais me priver de mon choix d'être MOI. Vous avez toujours le choix en ce moment - tout comme je l'avais à l'époque - même si vous vous débattez dans la douleur ou la négativité. L'être que vous êtes ne peut jamais, au grand jamais, être brisé. Vous pouvez vous sentir brisé, mais vous ne pouvez jamais, en vérité, être brisé.

Il y a une chose que je sais : chacun d'entre nous a une histoire.
Nous accumulons tous des coups, des bleus et même pire sur le chemin.

Je crois aussi que peu importe les indignités, les abus, les traumatismes ou les revers que nous endurons, nous ne sommes JAMAIS brisés. Le bonheur est à la portée de tous.
Bijou

Ce que j'ai découvert en aidant des milliers de personnes à travers le monde à vaincre la maltraitance, c'est qu'on ne sort pas de la cage par une solution miracle. Nous devons d'abord accroître notre prise de conscience - nous encadrons la cage - comme nous le faisons actuellement. J'entends souvent les gens dire : "Oh, c'est comme ça". Nous donnons des mots à un sentiment qui a été ressenti, mais qui n'est jamais reconnu et qui reste généralement sans nom. Je dis souvent que c'est comme s'il y avait un éléphant qui chie dans la pièce depuis le début, et que tout le monde le contourne en silence. Nous ne l'ignorons plus. Cela pue, et nous nous en occupons.

Dans le reste de ce livre, nous allons approfondir notre prise de conscience de la cage invisible. Je vais également partager avec vous des outils et des processus qui non seulement augmenteront votre conscience, mais vous aideront également à choisir au-delà de la cage.

LA SENSIBILISATION

Comme vous l'avez lu tout au long du livre, l'un des principaux outils que je vous propose d'utiliser pour vivre au-delà de la cage est la prise de conscience. Cela signifie qu'il faut être conscient des moments où l'on agit à l'intérieur de la cage et qu'il faut s'en rendre compte dès que la cage est déclenchée. L'un des participants à mon émission de radio m'a demandé : "Quelle est la différence entre être conscient et être vigilant ?". C'est une question importante.

L'état d'alerte vous est probablement très familier. Lorsque vous êtes en alerte, vous opérez à partir d'un état d'hyper-vigilance à *l'intérieur de la cage*. C'est un état dans lequel vous attendez que quelqu'un d'autre vous mette dans le pétrin. C'est comme si vous viviez en état d'alerte.

La conscience est différente. Lorsque vous êtes conscient, vous êtes connecté à une conscience universelle et infinie. Vous ne vous alignez et n'êtes d'accord avec rien - et vous ne résistez et ne rejetez rien. En d'autres termes, vous ne vous sentez pas attaché à votre point de vue ni obligé de le défendre. Vous le remarquez simplement. Vous devenez un observateur, ou un témoin, et vous choisissez de répondre de la manière la plus élevée et la meilleure pour vous.

JOURNAL EXERCICE : LE LÉGER ET LE LOURD

Afin de faire des choix à partir de la conscience, vous pouvez commencer à déterminer ce qui vous semble léger ou lourd. Ce qui vous semble léger est ce que vous désirez ou ce qui est vrai pour vous, et ce qui vous semble lourd est ce qui ne fonctionne pas pour vous ou ce qui est un mensonge pour vous.*

Pensez à quelque chose que vous vouliez et que vous avez maintenant. Qu'avez-vous ressenti lorsque vous l'avez reçu ?

Pensez maintenant à une situation que vous aimeriez changer. Lorsque vous l'évoquez, comment la ressentez-vous dans votre corps ?

Faites l'inventaire des personnes et des activités qui font partie de votre vie et remarquez ce que vous ressentez lorsque vous y pensez.

Vous connaissez probablement mieux les coins de la cage que la liberté et les possibilités.

- Et si vous choisissiez la conscience à chaque instant ?
- À quel point votre monde serait-il différent ?
- Et si, au lieu de vous engourdir ou de vous

déconnecter, vous choisissiez de prendre conscience de ce qui se passe ?

- Qu'est-ce que la liberté pour vous ?
- Comment saurez-vous que vous êtes libre ?

Il y a un autre facteur important à prendre en compte lorsque vous augmentez votre conscience : lorsque vous examinez la cage, faites-le à partir d'un lieu où vous ne portez pas de jugement. Gardez à l'esprit que la limitation et le manque à partir desquels la cage a été créée étaient réels au moment où ils se sont produits. Vous y avez adhéré depuis lors parce que c'est la seule chose que vous saviez faire. Vous découvrez maintenant que vous avez le choix et que vous pouvez choisir et créer votre vie à partir de cette nouvelle conscience.

EXERCICE DE JOURNAL : APPRENDRE À CONNAÎTRE SA CAGE

Remarquez quand vous êtes dans la cage sans vous perdre dans sa forme ou sa structure, et posez-vous les questions suivantes sans "chercher" de réponse. Soyez simplement ouvert à en recevoir une.

Est-ce que cela me nourrit ?

Que faudrait-il faire pour changer cela ?

Qu'est-ce que je peux être, faire, avoir, générer ou créer aujourd'hui pour changer cela immédiatement ?

Ensuite, entamez un dialogue avec la cage : "Je sais que tu essaies de me protéger. Tu as fait ce que tu pouvais faire de mieux à ce moment-là. Tu es mon allié et tu essaies de m'aider".

Posez-vous la question suivante : "Est-ce que c'est amusant pour moi ? Qu'est-ce que je peux être, faire, avoir, générer ou créer qui *serait* amusant pour moi ?" Ensuite, faites-le ! Le choix et la liberté deviennent alors votre réalité.

N'oubliez pas qu'il s'agit d'un processus continu et non d'un exercice ponctuel. Il est probable que vous devrez répéter cet exercice un certain nombre de fois. Ce dont vous avez besoin à un moment donné pour vivre au-delà de la cage peut être totalement différent à un autre moment. Au fur et à mesure de la décomposition, différents aspects de la cage apparaîtront. L'essentiel est de prêter attention aux moments où vous êtes dans la cage et de faire un choix différent qui vous permette de vivre au-delà de la cage.

SAVOIR, ÊTRE ET PERCEVOIR

Plusieurs personnes ont participé à mon émission de radio et m'ont demandé comment "se battre pour sortir" de la cage de la maltraitance. La croyance que vous devez vous battre pour sortir de la cage est générée par l'énergie de l'expérience originale à laquelle vous êtes toujours connecté. Personne ne sortira de la cage de l'abus en se battant. Cela ne fera qu'en créer d'autres. Au contraire, il s'agit d'être, de savoir et de percevoir quelque chose de différent. Il s'agit de dépasser les systèmes de croyances qui vous ont été infligés et qui ne vous ont jamais vraiment appartenu. Oui, vous les avez peut-être inconsciemment adoptés comme vôtres, mais à moins que vous ne les choisissiez, ils ne sont pas vraiment les vôtres. Lorsque vous essayez de vous battre pour sortir de la cage, vous agissez avec la même énergie destructrice que celle qui l'a créée. Et vous n'êtes pas un ami pour vous-même lorsque vous le faites.

J'ai également entendu des clients dire : "Je n'arrive pas à atteindre le fond de la cage". Je tiens à préciser que, bien que nous utilisions la métaphore de la cage et que vous la visualisiez comme quelque chose de tridimensionnel, la cage n'a pas de fond. La voir comme quelque chose qu'il faut "découvrir" est une conclusion qui vous enfermera dans la cage. Si vous donnez une forme, une structure et une signification à la cage, vous continuez à en créer d'autres. Si vous voyez les choses de cette façon, vous opérez à partir de l'ancien paradigme selon lequel il faut réparer quelque chose ou aller au fond de quelque chose pour guérir.

Même si vous ressentez du chagrin lorsque vous commencez à sortir de la cage, si vous restez conscient, vous découvrirez probablement que sous votre chagrin se cache la joie. Il se peut que vous pleuriez à chaudes larmes, mais les larmes que vous libérez font fondre les barreaux qui vous entourent. Le choix crée la liberté dans l'instant que vous avez toujours su exister.

En résumé, nous avons nommé ce qui vous retient silencieusement depuis des années, voire des décennies. Il est probable que votre perception globale commencera à changer lorsque vous commencerez à remarquer les schémas et les programmes que vous considériez auparavant comme " vous " et dont vous réalisez maintenant qu'ils sont en fait un produit de la cage. Nous continuerons à explorer la cage invisible tout au long de ce livre, ainsi que d'autres moyens de la dépasser.

9

____

UNE CONVERSATION RÉVOLUTIONNAIRE SUR L'ESPOIR

Si vous avez vécu des abus, vous êtes peut-être habitué à vivre sans espoir. Je souhaite apporter un message d'espoir révolutionnaire à tous ceux qui ont été victimes d'abus, afin qu'ils puissent aller au-delà de ce qu'ils ont vécu. Dans mon travail, j'ai découvert qu'il y a beaucoup de gens dans le monde qui demandent, au plus profond d'eux-mêmes, une nouvelle conversation sur les possibilités.

J'appelle à un changement radical dans la façon dont le monde voit, perçoit et vit les abus. Je ne prends pas ce rôle à la légère. Je crois sincèrement que la quantité d'abus physiques, émotionnels et sexuels que j'ai personnellement subis au cours de ma vie m'a permis de contribuer à l'élimination de la maltraitance.

Dans ce chapitre, j'aimerais donc entamer cette conversation révolutionnaire d'espoir qui mène à un tout nouveau paradigme de transformation de la maltraitance, à la fois en vous et dans le monde entier.

Au-delà de tout

Au fil du temps, j'ai développé un certain nombre de programmes à cette fin, dont Live Your ROAR - votre "Radically Orgasmically Alive Reality" (réalité radicalement vivante et orgasmique). Le concept clé ici est l'idée de "au-delà de tout". Ce que je veux dire par là, c'est que nous pouvons aller au-delà des paramètres de tout ce qui a été défini auparavant.

Jetons un coup d'œil à certains des préceptes impliqués dans Vivre son ROAR - et à ce que signifie "au-delà de tout" à chaque instant :

- Reconnaître la cage dans laquelle vous avez vécu et qui vous a maintenu jusqu'à présent dans l'histoire sans fin de l'abus, du handicap et de la limitation.
- Reconnaître que vous avez la capacité de créer une nouvelle réalité et choisir de vous débarrasser des structures et des mensonges qui vous ont jusqu'à présent maintenu en cage.

- Avoir la volonté de créer un changement révolutionnaire dans sa vie afin de vivre radicalement au-delà de la cage de l'abus.
- Prendre des décisions qui vous semblent légitimes et justes (même si d'autres personnes vous jugent pour cela)
- Se créer une vie sans limites, pleine de possibilités et de plaisirs
- Se présenter pour vivre sa vie pleinement éveillé, conscient et présent
- Vous choisir à chaque instant et créer votre vie en fonction de ce qui vous plaît et vous nourrit.

Ce travail exige un engagement profond envers soi-même, une sorte de férocité, si vous voulez, dans son sens le plus positif. Il s'agit de faire ressortir votre présence la plus puissante.

Au-delà de tout" signifie vous choisir, quels que soient les départs, les morts, les fins, les relations que vous abandonnez, les entreprises ou les carrières que vous choisissez, les personnes ou les choses qui vous abandonnent.

Lorsque vous vous engagerez dans ce processus de découverte et de récupération de vous-même, la vie changera comme vous le savez. Pour l'une de mes clientes, vivre "au-delà de tout" a signifié prendre des décisions dans sa carrière qui l'ont fait passer de 20 000 dollars par an lorsque nous avons commencé à travailler ensemble à 244 000 dollars sur plusieurs années. Selon elle, le processus a été difficile, mais les résultats l'ont poussée à continuer.

Mon travail m'amène à voyager dans le monde entier, mais que je sois chez moi ou sur la route, je suis toujours en train de travailler sur ma propre conscience en utilisant tous les outils à ma disposition. Lorsque j'accompagne les autres dans leur développement personnel et leur transformation professionnelle, je fais la même chose pour moi. J'aimerais vous dire que tout cela se fait avec facilité 100 % du temps, mais ce ne serait pas vrai. Cela s'est accompagné d'une bonne dose de douleur physique et de vieux traumatismes qui se sont réveillés dans mon propre corps. J'ai fini par comprendre que, dans ma vie, j'allais au-delà de tout ce que j'avais pu atteindre auparavant et au-delà de mes propres points de référence. Et même si cela peut être inconfortable et intense, c'est un choix de reconnaître tous les obstacles, les intensités et les douleurs qui se présentent. C'est un choix de laisser tomber les limites par lesquelles nous nous définissons et définissons notre vie. Le choix est toujours là pour nous :

- Choisirai-je la légèreté et la joie au-delà de tout ?
- Choisirai-je l'énergie, l'espace et la conscience d'une nouvelle possibilité pour moi-même ?
- Vais-je choisir au-delà de la lourdeur et de la douleur, de la souffrance, du traumatisme, du drame et de la lutte ?
- Qu'est-ce qui vous semble expansif et amusant ?
- Qu'est-ce qui vous semble lourd et inquiétant ?
- Quel est l'intérêt de se sentir lourd et inquiétant ?

Votre corps a la capacité de vous dire ces choses, mais si vous n'avez pas l'habitude d'être à l'écoute de votre corps, cela peut vous sembler étranger. Plus vous pratiquerez ce type de prise de conscience, plus cela deviendra facile et confortable.

EXERCICE DU JOURNAL : NOUVEAUX CHOIX

Quel est le choix que vous pourriez faire en ce moment même, que vous avez hésité à faire et qui pourrait vous amener à la légèreté et à la joie ? À quoi ressemblerait cette nouvelle possibilité pour vous ?

UNE ÉTUDE DE CAS - CLIVE

Clive a participé à mon atelier d'une journée Radically Alive Beyond Abuse (Radicalement vivant au-delà des abus) en Australie. Il avait la soixantaine et n'avait jamais parlé de ses abus sexuels. Il avait été violé et sodomisé par son grand-père pendant 10 ans, de son adolescence jusqu'à l'âge de 20 ans, et avait gardé le secret. Il n'en a parlé qu'à une seule autre personne avant d'entrer dans mon atelier en Australie. Il n'avait jamais suivi de thérapie.

Lorsque j'ai animé Clive, la session a duré environ 45 minutes et s'est déroulée devant toute la classe. Au début de la journée, il avait déclaré : "Je ne sais pas exactement pourquoi je suis ici. Je ne suis pas sûr de ce que je vais retirer de ma présence ici, mais je savais qu'il fallait que je vienne." Dès qu'il a dit cela, j'ai su que s'il me permettait de l'aider, un changement se produirait instantanément.

C'était l'une de ces expériences où nous nous renvoyions la balle, questions et réponses, comme dans un match de ping-pong. C'était comme si quelque chose en lui disait : "S'il vous plaît, sortez cela de mon corps. Laissez-moi en parler. Je ne veux plus de ça."

En posant des questions, en répondant, en utilisant les outils et les techniques, et grâce à mon éducation et à ma formation en matière de traumatismes et d'abus, j'ai pu aider Clive à atteindre un espace d'être en lui-même qui dépassait les mots. À la fin de la séance, il ressemblait à un beau jeune garçon innocent qui venait de se débarrasser d'une éternité de douleur, de traumatisme, de lourdeur et de poids provenant des dix années pendant lesquelles il avait été violé et sodomisé. Lorsque je repense à cette séance, je me souviens de sa beauté et non de sa douleur. En moins de 45 minutes, quelque chose que quelqu'un avait porté dans son corps pendant des décennies a été libéré.

Lorsque nous sommes ouverts au lâcher-prise, avec les bons outils et le bon accompagnement, nous pouvons changer énormément de choses en peu de temps. Le désespoir, en revanche, vous enferme dans la cage de l'abus. Clive s'est présenté à un cours sans rien y connaître, mais en sachant qu'il voulait aller au-delà de l'abus, et il s'est fait un cadeau dans le processus. Il m'a dit qu'il ressentait maintenant une liberté et un espace qu'il n'avait jamais imaginés.

RECEPTION

Pour vivre au-delà des abus, il faut s'autoriser à recevoir davantage, et je reçois beaucoup de questions sur la manière d'y parvenir. Voici ma réponse : C'est comme faire du vélo ou aller à la gym. C'est un muscle qu'il faut continuer à étirer. C'est une expérience pour laquelle vous aurez peut-être besoin de roues d'entraînement au début. Il y a des choses que je reçois très bien maintenant, mais j'ai dû apprendre en m'exerçant à recevoir.

L'idée de recevoir est faussée par les yeux d'une personne maltraitée. Dans mon cas, ce que je croyais recevoir, c'était en fait quelqu'un qui me jugeait ou me disait "va te faire foutre". Ce que je croyais recevoir, c'était que quelqu'un me dénigre au point de me traiter de stupide ou de m'affubler des surnoms dégradants que me donnait ma famille. Ce que je croyais recevoir, c'était d'être violée, ou agressée sexuellement, ou d'être traitée de tous les noms parce que j'étais lourde. C'est ce que recevoir signifiait pour moi. Et pendant longtemps, c'est sur cela que j'ai fondé ma réalité. Alors, comment apprendre à recevoir lorsque vos perceptions ont été déformées ?

Si c'est léger, c'est bien

Il existe une règle d'or en matière d'accueil :

Si c'est léger, c'est bien.

Si votre corps ressent une intensité, une lourdeur, une densité ou une constriction, si vous bâillez, si vous vous dissociez ou si vous voulez vous éloigner de la personne, c'est qu'il se passe quelque chose que vous ne recevez pas. Par exemple, quelqu'un pourrait essayer de vous imposer quelque chose que vous ne voulez pas. Tu as le choix, à ce moment-là, de recevoir ce qui est léger et juste pour toi. Tout ce qui est lourd et dense, arrêtez-le. C'est la première et la plus importante des actions de réception.

S'étirer pour mieux recevoir

La deuxième leçon de l'accueil consiste à s'ouvrir au-delà des limites perçues de l'accueil. Imaginez-vous en train de vous étirer pour recevoir de l'amour et de la bienveillance dans chaque muscle, ligament, cellule, tendon, organe et système de votre corps - même si vous entendez une vieille voix familière qui vous dit que vous ne le méritez pas ou que ce n'est pas pour vous. C'est une pratique qui permet de recevoir toujours plus. C'est totalement différent des vieux schémas énergétiques tels que l'indigence et le fait de prendre aux autres. Pour moi, il s'agit souvent de faire confiance au fait que recevoir ne va pas se retourner contre moi comme cela a été le cas tant de fois dans mon passé. Lorsqu'il y a des traumatismes dans notre histoire, il se peut que nous ayons un peu plus de travail à faire pour recevoir l'amour qui est là pour nous, mais cela en vaut la peine. Recevoir est un cadeau que vous et votre corps méritez.

Si vous n'êtes pas encore en couple, vous pouvez vous entraîner à recevoir d'autres choses, comme de l'argent, de la nourriture, de l'exercice ou votre propre corps. Il y a tant de façons de s'étirer pour recevoir :

- Promenade à pied
- Prendre un jour de congé pour s'occuper de soi
- Se faire masser
- Acheter quelque chose pour lequel vous avez de l'argent mais que vous vous refusiez à acheter
- Se préparer un repas sain
- Commencer un hobby qui vous intéresse

Toutes ces choses sont des façons de recevoir. Et comme pour toutes les pratiques de ce livre, il ne s'agit pas d'un effort ponctuel.

- Comment pouvez-vous recevoir davantage chaque jour ?
- Et comment pouvez-vous vous ouvrir en ce moment pour recevoir pleinement les cadeaux qui vous sont offerts ?
- Et si, juste pour aujourd'hui, vous laissiez tomber votre cage et vous débarrassiez de votre porc-épic invisible ?

- Et si, juste pour aujourd'hui, vous vous ouvriez à l'Univers pour qu'il vous montre quelque chose de grand ?

En résumé, nous nous ouvrons à une nouvelle façon de dépasser les abus et d'entamer une conversation nouvelle et révolutionnaire sur l'espoir de transformation. Dans ce chapitre, nous avons commencé à aborder cette conversation et, dans les chapitres suivants, vous apprendrez d'autres outils pratiques qui vous permettront d'aller au-delà d'une simple conversation et d'en faire quelque chose de concret dans votre vie.

10

───────

LES OUTILS DU CHANGEMENT

Se libérer de la cage invisible des abus est un processus. Il ne s'agit pas d'un acte unique ou d'un seul tour de passe-passe, même si nous aimerions le croire. Certaines thérapies suggèrent que c'est le cas, mais il s'agit d'un mythe de guérison qui nous a été vendu. Beaucoup d'entre nous ont attendu ce moment. D'après mon expérience, les choses ne se passent pas ainsi. Il se peut que vous fassiez un pas en avant et que vous vous retranchiez dans la cage. Aussi, avant de poursuivre, je veux m'assurer que vous éliminez tout ce qui est erroné dans votre cheminement personnel vers la guérison. Si vous pouvez vous permettre de vous retirer dans la cage et de ne pas porter de jugement si vous le faites, l'ensemble du voyage sera beaucoup plus indulgent.

TROUVER UNE LANGUE POUR LES ABUS

J'ai découvert que l'un des moyens de commencer à sortir de la cage de la maltraitance est d'engager une conversation qui vous permette de dépasser la honte de ce qui s'est passé. En psychologie, il existe un terme appelé "alexithymie". Il s'agit de l'incapacité à identifier les mots et les sentiments liés à votre expérience de la maltraitance. Combien de fois avez-vous constaté que lorsque vous ouvriez la bouche pour en parler, les mots ne sortaient pas ? C'est la partie de vous qui n'a pas été capable d'exprimer et de formuler votre expérience - une voix qui peut vous guider hors de la cage.

LES 3 ÉTAPES DU CHOIX

Depuis un certain temps, vous avez probablement suivi l'histoire de la maltraitance. L'étape suivante consiste à *vous rendre compte* que vous suivez l'histoire de la maltraitance. L'étape suivante consiste à *cesser de* vous *définir* à travers cette histoire. Le processus se déroulera comme suit :

1. Je ne savais pas qu'il existait un autre choix.
2. J'ai compris qu'il y avait un autre choix, mais je ne savais pas comment le prendre.

3. J'ai vu qu'il y avait un autre choix, et j'ai agi en conséquence.

La troisième étape est celle sur laquelle nous nous concentrons dans ce livre. C'est celle qui nous permet de sortir de la cage et d'accéder à une autonomie radicale.

ALLER AU DEVANT DE L'ABUS

L'un des éléments clés de la guérison des abus consiste à se rappeler comment on était avant les abus, ce qui peut faire appel à la fois à la mémoire et à l'imagination. Je dis "les deux" car, selon l'âge auquel les abus ont été commis, il se peut que vous ayez des souvenirs clairs de la façon dont vous étiez dans la vie. Parfois, cependant, les gens doivent faire appel à leur imagination pour se représenter ce qu'ils étaient. Une fois que vous êtes capable de le faire, vous pouvez commencer à ancrer dans votre corps de nouveaux souvenirs de ce que sont la sécurité et l'amour.

Dans mes ateliers, je demande aux gens de remonter jusqu'à un espace-temps antérieur à l'abus et de communier avec les molécules de leur corps à partir de cet endroit. Il s'agit de se souvenir, au niveau moléculaire, de l'être magnifique que l'on était avant l'agression. Je veux vous emmener avant que vous ne soyez violé, avant que la cage ne se mette en place et que vous ne commenciez à vivre à l'intérieur de sa vision déformée de la réalité. C'est l'endroit où le déni, la défense, la dissociation et la déconnexion étaient le carburant de votre corps. C'est l'endroit où vous ne fonctionniez pas à partir de vos systèmes de réponse automatique et de votre alerte rouge.

La vérité, c'est qu'il existe une perfection en dehors de l'image que vous avez de vous-même. Je ne parle pas du genre de perfection où tout est parfait. Je parle du genre de perfection où vous vous voyez au-delà de vos défauts perçus. Je parle du fait que vous vivez à partir d'un lieu d'unité plutôt qu'à partir d'un lieu de séparation. Je parle du fait que vous vous présentez dans le monde en sachant que l'univers vous soutient. Même si vous dites que vous n'avez jamais connu cela, je vais vous demander d'aller au-delà de la pensée "je ne peux pas" ou "je ne veux pas" ou "cela arrive à tout le monde et pas à moi".

Dans le chapitre quatre, nous avons parlé du mimétisme biomimétique et de toutes les façons dont vous avez pu prendre la douleur d'autres personnes pour la vôtre. Jusqu'à présent, c'était comme une bulle autour de vous. La véritable communion est un retour à un endroit et à un moment de votre corps qui se souvient de vous au-delà de cette bulle. Il se souvient de l'amour, de l'acceptation, du repos, de la protection, de la sécurité et de la connexion. C'est un espace dynamique dans votre corps qui vibre et pulse - qui *danse* - avec l'unité, la liberté, l'espace et la conscience.

Autorisez-vous à faire confiance à la joie et à l'accueillir.

Vous découvrirez que vous dansez avec tout.

— *RALPH WALDO EMERSON*

C'est le fait de savoir, d'être, de percevoir et de recevoir l'être extraordinaire que vous êtes vraiment. Il s'agit d'une connaissance profonde du fait qu'il n'y a rien de mal en vous et qu'il n'y en a jamais eu. La seule chose qui ne va pas, c'est que tu as vécu dans une histoire d'incarcération, de douleur et de traumatisme, qui t'a effectivement enfermé dans une cage invisible d'abus. Ce qui ne va pas, c'est votre déconnexion du beau vous qui se souvient et vit de votre véritable nature essentielle.

ÉTUDE DE CAS - EMMA

Lorsque je travaillais avec Emma, je lui ai demandé comment était son corps avant les abus. Elle l'a décrit comme libre, enjoué et imaginatif. Elle se souvenait de la créativité et de la puissance qu'elle avait eues à cette époque. Enfant, elle avait l'impression que la magie était au bout de ses doigts et qu'elle pouvait faire tout ce dont elle rêvait à partir de cet endroit. L'innocence de l'enfant était présente.

Au fur et à mesure qu'elle pénétrait plus profondément dans cet espace au niveau moléculaire, elle a senti qu'elle pouvait courir librement. Elle se souvenait qu'elle ne se souciait de rien au monde. Elle pouvait générer et créer tout ce qu'elle voulait. Elle a ressenti tout cela comme une expérience réelle, ce qui a entraîné un changement correspondant dans sa relation avec son corps.

Il est essentiel de comprendre que les molécules avec lesquelles vous communiquez existaient avant l'abus. Elles n'ont jamais disparu et n'ont jamais été enlevées. Lorsque nous ne comprenons pas cela, nous pensons que nous devons retrouver quelque chose que nous avons perdu. Rien n'a été perdu. C'est juste qu'elles ont été cachées sous l'histoire de l'abus et de tout ce que vous avez décidé à la suite de cet abus - y compris les idées sur la façon de le surmonter, de le guérir et de le changer.

EXERCICE ÉNERGÉTIQUE : COMMUNION AVEC LES MOLÉCULES

Permettez-vous de vous replonger dans au moins un moment où votre corps a vécu dans un espace de repos, de soins, de sécurité, d'amour et d'acceptation. C'est l'espace de la véritable communion, où vous savez que l'univers vous soutient et veut toujours vous aimer, vous soutenir et vous donner.

Citez à haute voix une époque, un âge et un lieu antérieurs à l'abus. Pour parvenir à l'espace de communion avant et après l'abus, vous devez vous étendre sur la possibilité qu'il y ait eu un espace avant qu'il ne se produise.

Permettez à votre corps de s'épanouir dans cette sensation. Ensuite, faites une activité qui correspond à ce sentiment. Il peut s'agir simplement de prendre un bain chaud, d'allumer une bougie, d'écouter un morceau de musique, de marcher dans la nature ou de jouer avec votre animal de compagnie.

Je recommande de faire cet exercice au moins une fois par jour. Remarquez si votre énergie change lorsque vous faites cet exercice : Y a-t-il une brise fraîche ou une légèreté ? Si vous avez ne serait-ce qu'une petite impression de changement, c'est que vous faites l'expérience de la communion entre l'avant et l'après maltraitance.

La guérison des abus dans le cadre de ce nouveau modèle implique un choix, même si le choix de dépasser l'abus en revenant en arrière peut vous sembler impossible au début. L'histoire de l'abus est là depuis longtemps. Vous ne vous en êtes peut-être jamais passé. Il peut être nécessaire de changer radicalement de perspective pour ne serait-ce qu'envisager de la dépasser.

EXERCICE DE JOURNAL : CHOISIR DIFFÉREMMENT

Avez-vous vu le film *Le jour de la marmotte* dans lequel le personnage principal vit la même journée encore et encore ? Comment avez-vous vécu la même journée, encore et encore ?

Que faudrait-il pour que vous choisissiez autre chose ? Comment pourriez-vous choisir différemment ?

Sortir de la cage, c'est notamment découvrir que l'on est plus que ce que l'on a subi. Il y a un vous séparé de l'abus et séparé de l'agresseur. Il y a un vous au-delà de tout ce qui vous est arrivé. Et c'est un choix d'aller au-delà de tout ce que vous avez décidé à cause de l'abus. Cela permet à l'abus de s'effacer pour que vous puissiez générer et créer votre réalité.

Les sept étapes suivantes vous aideront à définir votre propre réalité comme étant distincte et séparée. Gardez à l'esprit que chaque étape s'appuie sur l'autre, aussi ne vous attendez pas à les cocher comme vous le feriez sur une liste de choses à faire. Ce n'est pas le but. Chaque étape est un point de lumière dans votre conscience qui vous donne plus de choix au fur et à mesure que vous avancez dans votre voyage pour vous libérer.

Première étape : reconnaître sa cage et admettre qu'elle ne fonctionne pas pour soi.

Deuxième étape : Choisissez de regarder votre cage au lieu de la nier ou de la défendre.

Troisième étape : Faites le choix de vous en libérer. Décidez que vous allez le changer.

Quatrième étape : Obtenez du soutien et partagez votre histoire. N'oubliez pas qu'il ne s'agit pas de partager la douleur. Trouvez plutôt quelqu'un qui vous donne les moyens d'agir et avec qui vous pouvez partager : "Voici ce qui se passe, comment puis-je m'en sortir ?" Avec du soutien, vous pouvez commencer à prendre conscience de la situation en vous.

Cinquième étape : Faites appel à votre capacité créatrice en vous rappelant ou en imaginant ce qui se passait avant que vous ne soyez victime de maltraitance. Il y avait - et il y a toujours - quelque chose de magique en vous qui se superpose à l'histoire de la maltraitance.

Sixième étape : Acceptez de libérer votre intelligence. Prenez le risque de vous lancer dans de nouveaux domaines, de nouveaux projets et de nouvelles façons d'être.

Septième étape : Soyez vous-même - vrai, brut, non coupé, non censuré. Ici, vous vivez au-delà de votre histoire, de votre passé, de votre réalité.

EXERCICE DE JOURNAL : DE QUOI SUIS-JE CONSCIENT ?

Explorez les questions suivantes :

Quelles sont les prises de conscience que j'ai déjà et dont je ne reconnais pas qu'elles changeraient ma réalité en ce moment ?

De quoi suis-je conscient avant les abus ? Qu'est-ce que c'était d'être moi ?

Que voudrais-je créer maintenant ?

Qu'est-ce que je peux choisir maintenant pour dépasser la vieille histoire de l'abus et m'inspirer d'une autre possibilité ?

En résumé, nous avons exploré des outils de changement pour vous aider à prendre davantage conscience de votre véritable moi, un moi qui n'a jamais été blessé par les choses qui vous sont arrivées, mais qui a été enterré sous votre histoire d'abus. Ce moi - le vous magique - n'attend que votre reconnaissance. Cela place le pouvoir du choix dans le moment présent et entre vos mains. Vous choisissez maintenant d'être radicalement vivant.

Mise à jour du système d'exploitation de votre subconscient

Avez-vous déjà remarqué ce qui se passe lorsque vous ne mettez pas à jour le système d'exploitation de votre ordinateur ? Des fichiers anciens, périmés ou corrompus peuvent sérieusement entraver les performances de votre ordinateur. Il en va de même pour votre subconscient.

Il y a tant de systèmes de réponses conditionnées basés sur des croyances qui sont logées et verrouillées dans notre corps lorsque nous avons subi des abus ou des traumatismes que, tout à coup, chaque situation peut devenir un déclencheur et une réaction au lieu d'une réponse et d'un choix. Lorsque vous mettez à jour votre programmation subconsciente, vous libérez le passé afin de pouvoir générer et créer dans le présent.

Se libérer des mensonges

Il faut bien comprendre que c'est votre propre psychologie, votre état d'esprit et vos systèmes de croyance qui créent les plus grands mensonges et les plus grands défis pour vous. Ils établissent des règles et des comportements qui non seulement vous déconnectent encore plus de qui vous êtes et de la vie que vous auriez librement choisi de vivre, mais qui affectent également la façon dont votre réalité extérieure se manifeste pour vous.

Cela devient une expérience auto-réalisatrice qui vous "prouve" que vous ne pourrez jamais vivre au-delà de la maltraitance, que vous ne serez jamais l'être fort, brillant et phénoménal que vous êtes vraiment.

La question est la suivante :

- Combien d'abus supplémentaires devez-vous créer et subir ?
- Quand est-ce que cela suffira ?
- Quand choisirez-vous de ne plus vivre les mensonges que vous avez appris à incarner comme votre réalité ?

EXERCICE DE JOURNAL : PRENDRE CONSCIENCE DES MENSONGES

Notez tout de suite dix choses que vous savez avoir créées dans votre vie et qui sont basées sur des mensonges. Examinez-les du point de vue de votre corps, de votre situation financière, de vos relations, de votre carrière ou de votre emploi, de la façon dont vous vous parlez à vous-même, de la façon dont vous interagissez avec vous-même et avec les autres.

Rappelez-vous qu'il s'agit d'un exercice de prise de conscience, et non d'un exercice d'auto-jugement.

Au-delà du jugement de soi ou des autres

Lorsque vous vous jugez, vous vous enfermez encore plus dans votre mauvaise foi. Pour une raison ou une autre, il est très réconfortant de savoir à quel point on a tort, à quel point on est mauvais, à quel point on est horrible, etc. C'est là une *véritable* épidémie et un terrain propice à de nouveaux abus. Cela vous maintient également dans un schéma, vous garantissant que vous n'aurez jamais à être plus que ce que vous êtes en ce moment.

EXERCICE DE JOURNAL : REGARDER DANS LE JUGEMENT

Combien de jugements portez-vous sur le caractère erroné et mauvais de votre personne ?

Combien de jugements portez-vous sur vous-même en tant que "produit endommagé" ou en tant que personne brisée ?

Combien de ces jugements avez-vous transformé en position de repli, de sorte que vous n'allez jamais au-delà des abus et que vous revenez toujours au confort et à la sécurité de ce que vous connaissez ?

Remarquez où vous ressentez ces questions dans votre corps. Là où vous le sentez, c'est là où vous portez un jugement.

Lorsque vous jugez quelqu'un d'autre, vous vous défendez, vous vous déconnectez, vous niez et vous vous dissociez de ce que vous ne voulez pas voir en vous. En effet, les autres vous reflètent ce que vous jugez en vous. Cela vous enferme dans une vision limitée de qui vous êtes vraiment. Ainsi, chaque fois que vous pointez du doigt ce qui s'est passé hier soir, la semaine dernière, le mois dernier ou il y a 20 ans, vous êtes en réalité en train de nier, de dissocier, de déconnecter et de vous défendre contre quelque chose dont vous ne voulez pas être responsable. C'est pourquoi il est si difficile de s'en défaire. C'est aussi comme cela que vous restez enfermé dans la cage.

Parce que le jugement consiste à dévaloriser et à désavouer ce que l'on ne veut pas et ne peut pas voir en soi, on inflige ou projette le jugement sur l'autre pour se soulager de la pression que l'on subit soi-même. Ce n'est cependant pas la seule façon de soulager cette pression. Par exemple, lorsque je travaille avec un client, je lui demande de donner énergétiquement cette pression, ces jugements, à la terre. Vous pouvez également vous libérer progressivement de vos jugements. J'ai l'impression que si vous avez été habitué toute votre vie à vous juger, vous cherchez toujours à créer des changements monumentaux dans votre vie parce que vous pensez que quelque chose doit changer pour que vous alliez bien. Mais le succès peut n'être qu'un degré de changement.

Par exemple, si vous êtes le capitaine d'un navire et que vous modifiez le nautile d'un seul degré, cela représente un énorme changement dans la trajectoire du bateau sur l'océan, un grand mouvement. Bien qu'un degré semble intellectuellement petit, un changement d'un degré est une trajectoire de changement énorme, un mouvement énorme dans la portée de la création après l'abus.

Quel sera votre premier degré de changement aujourd'hui ? Utilisez l'exercice énergétique ci-dessous pour prendre votre premier virage d'un degré au-delà du jugement,

EXERCICE ÉNERGÉTIQUE : LIBÉRER VOS JUGEMENTS DANS LA TERRE

Le jugement vous coupe du monde et vous déconnecte de votre corps. La première étape pour dépasser le jugement est donc de se reconnecter. Asseyez-vous dans un endroit calme, fermez les yeux et respirez profondément. Respirez par la bouche afin de relier votre esprit et votre corps. Développez votre énergie en profondeur et à travers la terre. Saisissez les endroits où vous sentez une lourdeur ou une densité et jetez-les à la terre en respirant profondément. C'est une offrande à la terre. En offrant vos jugements à la terre, vous libérez votre corps de la densité et du poids qui empêchent la liberté, l'espace et la vérité d'être votre réalité. La terre est vraiment l'espace où le jugement ne réside pas.

Tout ce que nous donnons et apportons à la terre à partir de notre corps est absorbé par la terre. Il devient comme un carburant pour la terre et peut la régénérer. Il peut être prélevé sur notre corps pour que nous n'ayons plus à le porter, et utilisé pour le bien de la terre.

Offrez vos jugements à la terre en guise de contribution. Il s'agit notamment de vos jugements sur l'un ou l'autre des éléments suivants :

- Votre mère, votre père, votre sœur, votre frère, vos grands-parents, vos tantes ou vos oncles
- Votre corps et toute partie du corps en particulier, l'avant et l'arrière de votre corps, les cicatrices que vous avez ou les douleurs chroniques.
- Vos agresseurs

Laissez-les tous partir. Offrez-les tous à la terre comme un cadeau et une contribution. Puis ramenez votre énergie en vous, sans jugement, en remontant de la terre. Recevez de la terre. Élargissez votre conscience et remarquez ce que vous ressentez dans votre corps. Êtes-vous plus léger ou plus lourd ? Avez-vous plus d'espace ou moins d'espace ?

Vous pouvez relâcher vos jugements sur la terre, encore et encore, jusqu'à ce que vous ressentiez un sentiment de paix et de possibilité.

Générer à partir du passé

Lorsque vous vous accrochez à la toxicité de votre passé, vous vivez essentiellement votre vie comme l'enfant ou la version plus jeune de vous qui a été maltraitée. Lorsque vous avez été victime d'abus, certaines des réactions et interactions humaines les plus positives peuvent vous sembler distantes, comme si elles ne vous appartenaient pas ou que vous ne pouviez pas les atteindre. La gentillesse peut sembler étrangère. La gratitude et la générosité sont gênantes et pesantes. L'amour peut sembler dangereux.

Le choc et le traumatisme de ce qui s'est passé ont peut-être fait disparaître tout le plaisir et l'espièglerie et les ont remplacés par l'hyper vigilance, le contrôle, la rigidité et la domination. Tout devient une obligation et, de ce fait, vous réduisez votre capacité à progresser dans la vie.

- Comment dépasser les abus ?
- Comment mettre à jour votre subconscient et remplacer les vieilles croyances basées sur les abus par de nouvelles croyances qui vous reconnectent à des états émotionnels plus positifs ?
- Comment redécouvrir la gratitude envers

vous, la gentillesse envers vous et l'amour envers vous, une fois de plus ?

Lorsque vous essayez d'adopter des aspects positifs de vous-même, tels que l'amour ou le jeu, la générosité d'esprit ou la gratitude, il peut arriver que vous vous disiez : "Je ne sais tout simplement pas comment m'y prendre". C'est un peu comme lorsque votre ordinateur vous affiche le message "fichier introuvable". Après tout, si vous avez vécu pendant les deux dernières décennies ou plus à partir d'un lieu d'hypervigilance, de contrôle et de rigidité, comment pouvez-vous savoir quelle est la prochaine étape ?

Actualiser ses croyances

Si votre ordinateur était plein de poussière, vous prendriez probablement un récipient contenant de l'air et un spray pour le nettoyer. Mais lorsqu'il s'agit de notre monde intérieur, la plupart d'entre nous gardent ces boules de poussière exactement là où elles sont. Nous appelons cela la familiarité ou la zone de confort. Sauf que la plupart du temps, notre zone de confort est plutôt inconfortable. Pendant ce temps, vous vous retrouvez à bloquer et à refuser tout ce qu'il y a de bon dans votre vie. Vous pouvez dire que vous êtes heureux, mais c'est un faux sentiment de bonheur - il existe en surface et non au fond de vous. Simultanément, vous vous retrouvez à prendre des pilules contre la dépression ou à faire d'autres choses qui vous déconnectent ou vous empêchent de ressentir ce que vous ressentez vraiment.

Pour vivre une vie de choix conscient, il faut nettoyer, désencombrer et remplacer les vieilles programmations enracinées dans l'abus, sinon vous continuez à faire des allers-retours, à vous heurter au même plafond, ou plafond de verre, alors que vous vous battez contre lui. Mais ce n'est pas en se battant que l'on dépasse les abus.

Vous allez au-delà de l'abus en apprenant à choisir différemment - en passant d'une vie sans harmonie et sans unité avec vous-même à une vie d'une intégrité irréprochable.

Première étape : prendre conscience

Comme pour un certain nombre de concepts que je vous ai présentés dans ce livre, la première étape est la prise de conscience. Lorsque je demande aux gens s'ils savent comment retrouver la gratitude, la gentillesse et l'amour d'eux-mêmes, certains répondent qu'ils ne les ont jamais eus. Cependant, même si les abus ont commencé deux jours après votre naissance, vous avez eu au moins un jour où vous n'avez pas été abusé. Il y a donc eu un moment où vous avez fait l'expérience de la gratitude, de la gentillesse et de l'amour. Il se peut que vous ayez eu plus d'expériences d'hyper vigilance, de domination et d'abus, mais il y a quand même eu un moment, quelque part, où vous avez existé au-delà de l'abus.

Deuxième étape : reconnaître la méfiance

La deuxième étape consiste à reconnaître à quel point vous vous méfiez des autres. Le scepticisme et le jugement maintiennent la cage en place. C'est comme une autre version de la cage d'abus. La méfiance, le scepticisme, le jugement, l'hyper-vigilance, la domination, le contrôle, la rigidité constituent autant de murs supplémentaires de votre cage, qui vous enferment et vous limitent.

Troisième étape : Abandonnez vos barrières

Pour remplacer la programmation subconsciente qui maintient la cage en place, vous devez faire tomber vos barrières. Il faut une profonde détermination, que je qualifie parfois de "ténacité de la conscience", pour dire "non" à la façon dont les abus sont retenus dans votre esprit et stockés dans votre corps. Vous devez commencer à abandonner les décisions, les jugements et les conclusions que vous avez formulés à l'âge d'un jour, de trois ans, de huit ans ou quel que soit l'âge que vous aviez lorsque les abus ont commencé. Rappelez-vous qu'ils ont été créés pour vous aider à l'époque, mais qu'ils font partie d'une programmation dépassée. Elles ne vous aident plus ; en fait, elles vous nuisent.

EXERCICE DU JOURNAL : PRENDRE CONSCIENCE

Notez les situations, les expériences, les moments, les lieux, les personnes et les dynamiques de votre vie où vous souhaitez embrasser la gentillesse, l'amour et le jeu, mais plus vous le souhaitez, plus vous vous débattez et vous vous appuyez sur les barreaux de la cage.

QU'EST-CE QUE VOUS AIMEZ DANS LA CAGE ?

Pour sortir de la cage, il faut admettre qu'il y a une partie de vous qui "aime" la familiarité et le confort de la cage. Je dis cela, bien sûr, sans jugement. En tant qu'êtres humains, nous continuons à faire ce que nous aimons. Qu'aimez-vous dans la lutte ?

- Se sent-on plus en sécurité ?
- Est-il effrayant d'être vulnérable ?
- Craignez-vous que les changements apportés ne nuisent à d'autres personnes ?

- Êtes-vous capable de tolérer l'incertitude lorsque vous pensez à l'avenir ?

Ce sont ces idées ou croyances qui empêchent d'aller de l'avant, de prendre des risques et de faire les choses différemment. Le problème est que la même dynamique, encore et encore, vous conduit à vous juger. Cela vous conduit à vous séparer des autres, ce qui crée à son tour une déconnexion avec les autres.

Tant qu'il y aura un avantage à conserver ces vieux dossiers et à ne pas vider votre poubelle, vous garantissez que vous serez toujours victime de votre passé et enfermé dans la cage. Vous continuerez à adopter les comportements qui vous ont conduit là où vous êtes aujourd'hui. Vous ne vous autoriserez jamais à aller au-delà d'un état limité de la réalité. Cela vous maintient littéralement marié à votre réalité abusive.

Si vous ne mettez pas à jour le système d'exploitation de votre subconscient, vous êtes comme un chagrin d'amour qui attend de se produire. Vous créez une vie désastreuse, ou vous n'invitez pas l'argent, ou vous mettez fin à une autre relation.

VOS SYSTÈMES DE CROYANCE

Vos systèmes de croyances sur la façon dont vous devez réagir au monde sont basés sur ce que vous avez appris. Elles se forment dans la perspective du traumatisme.

- Si j'attire l'attention, je serai maltraité.
- Si on me voit, on me maltraite.
- Si je regarde quelqu'un, je serai maltraité.
- Si je vois quelqu'un, je serai maltraité.
- Si je sors, je serai maltraité.
- Si je fais quoi que ce soit de valable, je serai maltraité.
- Si je parle, je serai maltraitée. Si je dis quoi que ce soit, je serai maltraitée.
- Si je fais quelque chose de différent, je serai maltraité.

Lorsque des croyances obsolètes de ce type sont encore présentes dans votre vie, vous continuez à vous comporter comme si ce que vous avez décidé lorsque vous avez été victime d'abus était vrai. Vous fonctionnez encore à travers les filtres de votre jeune moi et réagissez à partir d'une programmation mentale créée il y a longtemps.

VOS FRÉQUENCES VIBRATOIRES

Essentiellement, vos croyances inconscientes actuelles attirent davantage d'abus en raison de la fréquence de résonance de l'abus - votre vibration globale - et vous finissez par résonner avec d'autres personnes dans cette même fréquence. Cela ne veut pas dire qu'il y a quelque chose qui ne va pas chez vous ou que vous êtes défectueux parce que cela continue à se produire. C'est là que les gens entendent parler de la loi de l'attraction et pensent qu'ils sont à l'origine de l'abus. En fait, je ne la "créais" pas, mais j'étais prise dans sa fréquence. Les murs de la cage que je considérais comme ma réalité - et les informations stockées dans mon système d'exploitation subconscient - signifiaient que d'autres personnes d'une fréquence similaire pouvaient m'égaler.

Si l'une de ces choses résonne en vous, ce sont vos croyances qui vous empêchent de vivre radicalement en vie ou même d'être présent en ce moment. Tant que tu fonctionneras à partir du passé et des croyances qui en découlent, tu seras toujours dans la fréquence de résonance de l'abus.

REMPLISSEZ VOTRE ESPRIT DE CE QUE VOUS VOULEZ

Changer de croyances signifie "sortir de l'ancien, entrer dans le nouveau". Il vous faudra un peu d'exploration et de travail pour savoir quelle qualité de vie vous aimeriez avoir. Le moyen d'y parvenir est de trouver l'espace ou l'endroit de votre vie où vous êtes le plus heureux.

- Où vous sentez-vous le plus à l'aise dans votre corps ?
- Où vous sentiez-vous en sécurité et protégé, et en même temps vivant ?

Découvrez quelles sont ces situations et commencez à les ancrer dans votre corps en tant que nouvelles expériences. Cela vous permettra de commencer à construire une nouvelle base pour votre vie, de l'intérieur, à partir d'un nouvel ensemble de choix qui s'offrent à vous. Vous pouvez également commencer à décider activement des qualités que vous appréciez, telles que la gentillesse, la générosité, la gratitude et l'amour. Vous devez choisir activement des expériences plus joyeuses qui apportent de la légèreté et de l'expansion dans votre corps, même si elles vous semblent étrangères au début.

Pour changer vos systèmes de croyances, vous devez d'abord vous choisir. Vous devez choisir ce qui est au-delà de ce qui vous a été imposé. Vous devez choisir avec une ténacité de conscience, une vivacité radicale et une présence agressive. Vous devez faire le choix de dire "non" à ce que vous ne voulez pas et "oui" à ce que vous voulez.

C'est le point qui échappe à la plupart des gens. Ils " essaient " les nouvelles qualités de joie et d'expansion et ne les sentent pas correspondre parce qu'ils n'ont pas l'habitude de résonner à ces fréquences. Ils se disent alors : "Ce n'est pas pour moi" et retournent à leurs vieilles habitudes. Si vous faites cela, vous vous rendez à l'abus. Si vous faites cela, vous dites que vous *n'êtes pas* gentil, généreux ou reconnaissant. Si vous faites cela, vous dites que vous *n'êtes pas* aimant. Et c'est un mensonge absolu.

Vous êtes déjà gentil, généreux, reconnaissant et aimant.

La plupart de ceux qui ont été victimes d'abus sont les êtres les plus gentils, les plus doux, les plus vulnérables, les plus sages, les plus intelligents et les plus beaux que j'aie jamais rencontrés sur cette planète. Vous pouvez choisir de toucher ce véritable espace de vous au lieu de la réalité qui vous a été imposée. Même si cela ne semble être que votre petit doigt au début, trouvez quelque part dans votre corps qui sait que c'est le reflet de la bonté, de la générosité, de la gratitude et de l'amour - quelque part dans votre corps qui sait que lorsque vous êtes dans la nature, sur la terre, dans l'air, avec l'univers, il n'y a que de la bonté, de la générosité, de la paix et du calme qui y résident. Si vous y parvenez, vous commencerez à changer votre vie.

Il peut sembler ridicule que cela ne représente que l'équivalent d'un petit doigt pour certaines personnes, mais même cela peut représenter un énorme changement. Parfois, cet auriculaire est le seul endroit où un médecin ou une infirmière a touché une personne à sa naissance et c'est le seul contact affectueux qu'elle ait jamais eu. Je sais que j'utilise ici un exemple extrême, mais je travaille souvent avec des personnes qui disent n'avoir jamais été touchées par l'amour de leur vie. Bien que cela puisse être vrai dans une large mesure, nous voulons aussi être capables de puiser dans les moindres quantités d'amour, de joie et de gratitude que nous avons connues, et commencer à les développer pour qu'elles deviennent notre réalité, plutôt que d'être l'exception, comme elles ont pu l'être auparavant. Vous devez trouver l'endroit où ces qualités existent en tant qu'espace d'authenticité dans votre corps et capitaliser dessus.

EXERCICE D'ÉNERGIE : DÉVELOPPER L'ÉNERGIE ET LA CONSCIENCE DANS VOTRE CORPS

Une fois que vous avez découvert l'espace dans votre corps qui sait qui vous êtes vraiment, vous devez laisser cette partie sourire. Même s'il ne s'agissait que d'un toucher affectueux d'une seconde lorsque vous étiez bébé, laissez-le se répandre dans votre doigt suivant, puis dans le doigt suivant, puis dans le pouce, puis dans la main, et enfin dans le bras.

Même si vous ne vous souvenez pas d'avoir été touché par l'amour d'une autre personne, puisez dans vos propres ressources. Commencez à penser à tous les moments de votre vie où vous vous êtes senti(e) joyeux(se) et libre et faites appel à votre bonté innée, à votre générosité d'esprit, à votre gratitude et à l'amour que vous êtes vraiment au-delà de ce que vous avez vécu. Développez-les, jusqu'à ce qu'ils deviennent de plus en plus grands. Ainsi, ce n'est plus seulement l'auriculaire de votre corps, c'est maintenant les trois quarts de votre corps. Et il finira par devenir votre corps tout entier.

Avec de la pratique, beaucoup de pratique, vous découvrirez que vous disposez d'un nouveau système d'exploitation basé sur les vertus de ce que vous êtes vraiment sur le plan moléculaire.

En résumé, nous avons exploré la façon dont vos systèmes de croyances ont dirigé le spectacle. Pour changer ce qui se trouve dans votre système d'exploitation subconscient, vous devez faire un effort conscient pour prendre conscience des anciens programmes qui vous dirigent et éliminer les croyances périmées qui ne vous servent plus ou ne vous permettent plus d'avoir la vie que vous désirez. Ensuite, vous avez le choix de décider activement quelles croyances vous préférez pour vous aider à être tout ce que vous êtes et choisissez d'exprimer, et de commencer à instiller ces nouvelles qualités et expériences, même si cela vous semble peu familier au début. À partir de ce moment, vous êtes prêt à vivre radicalement vivant.

11

———

VIVRE RADICALEMENT VIVANT

Je ne suis ni une victime, ni une survivante, ni même une battante. Je choisis de vivre radicalement et orgasmiquement avec une présence agressive connue en moi et à partir de moi. Je suis le catalyseur qui génère et crée ma réalité à partir de ce qui est nourrissant et amusant pour moi. Je ne laisserai plus jamais personne choisir pour moi et c'est un choix en soi, celui de ne pas adhérer à l'étiquette de victime, de survivant ou de combattant de cette réalité.

En fait, jusqu'à présent, vous avez vécu dans un état de mort à cause des abus. Maintenant, il est temps de passer à quelque chose d'entièrement différent - vivre radicalement vivant - et avec les idées présentées ici, c'est une possibilité réelle.

Vivre une vie radicalement vivante ne signifie pas que vous n'éprouverez pas de colère, de tristesse ou d'autres sentiments liés à la maltraitance. Cela signifie que vous vous sentirez à l'aise pour exprimer vos émotions. Vous aurez accès à une plus grande expression de toutes les parties de votre être.

Imaginez que toute votre vitalité enfermée dans la rage et la tristesse non exprimées, toute la magie bloquée par la honte, toute la sagesse de votre corps tuée par la peur - imaginez que tout cela est à votre disposition. En vivant radicalement, vous n'avez plus besoin d'essayer de contrôler votre monde pour vous sentir en sécurité, ni de vous contenter d'une relation routinière avec vous-même, votre corps, votre partenaire, votre travail et votre compte en banque.

La première question à se poser est donc la suivante : êtes-vous prêt à être vous-même ?

Voulez-vous être vous-même ?

Connais-toi toi-même.

— APHORISME DE LA GRÈCE ANTIQUE INSCRIT DANS LE TEMPLE DE DELPHES

. . .

Être vous signifie connaître la vérité sur vous au-delà de vos rôles, de vos obligations, de votre sexe, de votre éducation, de vos licences ou certifications, de votre travail ou de ce que vous êtes dans vos relations. Cela signifie choisir d'être, de faire, d'avoir, de générer et de créer tout en dehors de ce que quelqu'un d'autre vous a enseigné ou a défini pour vous. Cette connaissance profonde de vous-même - votre vrai moi - vous libérera de la mort des abus, vous éveillera aux sensations agréables de la vie dans votre corps, et vous aidera à communiquer avec votre corps pour accéder à sa sagesse inhérente.

Êtes-vous prêt à recevoir les cadeaux que l'univers a pour vous et à choisir le plaisir ?
et les possibilités de votre vie ?

Que suis-je en train de refuser d'être ?

L'un des moyens que j'ai utilisés pour me sortir de la brume du conditionnement est de poser la question :

- Qu'est-ce que je refuse d'être ?
- Qu'est-ce que je refuse d'être et qui, si je l'étais, me faciliterait immédiatement la tâche ?

Je ne sais pas exactement comment cela s'est produit pour moi, mais je me souviens que je me suis réveillée en réalisant que je choisissais de vivre la réalité de quelqu'un d'autre. J'ai compris que cette réalité était basée sur tous les points de référence que j'avais créés au cours de cette vie, ce qui me donnait un faux sentiment de sécurité. Ma réalité était basée sur tous les points de référence de ma famille, de mon éducation, de mes origines, de mes expériences, etc. Je me suis rendu compte que cela me rendait malheureux. J'essayais inconsciemment de me détruire davantage. La question "Qui suis-je en train de refuser d'être en ce moment ?" peut vraiment vous aider à sortir de ce cycle.

Même dans ma vie actuelle, lorsque je remarque que je ne me sens pas aussi vivante que je l'étais, je me demande : "Bon, qui ou quoi est-ce que je refuse d'être en ce moment ?" Je pourrais m'attarder sur le fait que je suis mauvais, ce que nous avons été programmés à faire, mais en réalité, si vous vous posez une telle question, vous pouvez sortir du jugement et faire un choix.

EXERCICE DE JOURNAL : QUE REFUSEZ-VOUS D'ÊTRE ?

En vous posant une question, vous éviterez de retomber dans votre ancien conditionnement qui crée plus d'anxiété, un sommeil agité, de la distance et de la séparation. Une question vous aidera à créer plus de liens et de communion.

Refusez-vous d'être la beauté de vous-même ?

Refusez-vous d'être l'orateur que vous pourriez être ?

Refusez-vous d'être l'écrivain que vous êtes vraiment ?

Refusez-vous d'être le marathonien que vous savez être ?

Refusez-vous d'être l'enseignant que vous êtes appelé à être ?

Refusez-vous d'être ce que vous croyez être vrai pour vous et ce pour quoi vous êtes ici ?

Comment le choisir ?

Une fois que vous vous êtes demandé ce que vous refusez d'être, l'étape suivante consiste à vous poser la question :

- Comment le choisir ?
- Que puis-je faire pour choisir d'être cela dès maintenant ?

Mais cela va encore plus loin. Et si je ne me permettais plus de cacher mon propre pouvoir ?

Et si vous ne vous permettiez jamais de cacher votre propre pouvoir ?

Sachez que votre pouvoir ne se trouve pas à l'extérieur de vous, mais plutôt à l'intérieur de vous. À chaque instant, chacun d'entre nous peut choisir d'intervenir et de faire ce qu'il faut. Nous choisissons ce que nous savons être le mieux à chaque instant, et même si nous ne savons pas ou pensons que nous ne savons pas, nous choisissons quand même en fonction de ce qui élargit les possibilités. Lorsque vous vous donnez la liberté de choisir à chaque instant, vous passez de l'immobilisme à la vivacité radicale.

VIVRE AU-DELÀ DE L'HISTOIRE

Ce que j'ai remarqué dans mon propre parcours, c'est que je suis tellement loin de mon histoire que je ne la filtre plus à travers la perception du jugement. Il y a un bonheur et une liberté qui viennent avec le dépassement du jugement. Le jugement a toujours été présent. Il a toujours été présent en moi. J'y étais tellement habituée que je le portais sans même m'en rendre compte.

Vivre au-delà du jugement apporte un sentiment profond d'être en accord avec ce que l'on est. Au fur et à mesure que nous effectuons ce travail, vous parviendrez à une compréhension plus profonde de votre expérience de la maltraitance.

C'est le sentiment que "je n'ai pas été atteint. Il n'a pas pu prendre mon âme. Il n'a pas pu m'avoir en entier.
Je suis toujours ce que je suis et ce que j'étais, je suis juste meilleur".

Oui, il y a eu des abus. Il se peut que quelqu'un d'autre ait posé ses mains sur vous. Mais ce n'était jamais vraiment vous, de toute façon. C'est cette personne qui vous a imposé sa réalité. Qui peut dire que parce qu'un traumatisme s'est produit, vous devez devenir quelque chose de différent de ce que vous étiez ? Alors, plutôt que de céder votre pouvoir à un événement ou à un agresseur - quelque chose qui n'a jamais vraiment eu à voir avec vous - pourquoi ne pas revenir à ce que vous êtes et à ce que vous avez toujours été et le libérer ?

Ce n'est pas parce que la réalité parle de traumatisme, d'abus ou de SSPT (syndrome de stress post-traumatique) et qu'il y a certaines choses que vous êtes censé vivre à cause de cela, que vous êtes obligé de le faire. Vous pouvez choisir d'écouter différemment, de percevoir, de connaître, d'être et de recevoir quelque chose de différent. C'est ce qui est au cœur de la vie radicale.

Le pardon

Dans l'ancien paradigme de la guérison des abus, nous apprenons qu'il faut pardonner pour guérir. Cependant, le pardon n'est pas destiné à quelqu'un d'autre que vous. Pardonner, dans son sens le plus élémentaire, signifie lâcher prise. C'est une façon de dire : "Je suis libre et tu es libre aussi".

Le pardon est pour vous si vous choisissez d'aller de l'avant.

Une partie de mon parcours a consisté à remercier tous mes bourreaux, hommes et femmes, de m'avoir fait comprendre la contribution phénoménale que je peux apporter à cette planète et la différence que je peux faire. Il y a en moi une bonté, une intelligence, une attention et une sensibilité qui sont en chacun de nous. Si je n'avais pas été prête à vivre ce que j'ai vécu, à choisir cela, je n'aurais peut-être pas eu les mots et l'expérience nécessaires pour présenter mon émission de radio ou ce livre, ou pour aider les milliers de personnes que j'ai rencontrées. Aujourd'hui, je considère ma vie comme une possibilité de croissance post-traumatique.

Je ne dis pas que nous avons besoin de leçons comme l'abus. Je dis que nous pouvons choisir quelque chose de différent, à savoir le plaisir, la possibilité, la génération, la création, la différence, la diffusion de la conscience, l'autonomisation, la brillance et le fait de pénétrer dans notre propre cage pour faire briller une lumière qui dit : "Finis les mensonges. Fini les abus !" Et nous pouvons aider les autres à faire de même.

Je dis souvent à mes clients : "Il n'est jamais trop tard pour changer votre enfance et il n'est jamais trop tard pour changer. Et on ne sait jamais ce qui peut se passer avec les personnes qui vous ont maltraité". Dans mon propre cas, j'ai vécu un changement profond avec ma mère. Nous avons toutes les deux grandi et changé, ce qui nous a permis de développer une relation merveilleuse et aimante. C'est un cadeau que je n'aurais jamais pu imaginer. Aujourd'hui, à 50 ans, je sais ce que c'est que d'avoir une mère et ce qu'est l'amour inconditionnel. C'est vraiment ce que j'ai toujours voulu d'elle et c'est maintenant le cas. Le passé a fait le tour de la question et est résolu. Tout ce qui compte, c'est que j'aime ma mère et que ma mère m'aime. Je suis libre. Et elle aussi.

Il est difficile d'écrire un tel livre. La vérité n'est pas toujours belle à voir. Mais nous guérissons, nous grandissons et nous changeons en faisant ce travail, et souvent ceux qui ont abusé de nous le font aussi. C'est la grâce de vivre radicalement et orgasmiquement.

Êtes-vous prêt pour cela ? Êtes-vous prêt(e) à être plus vivant(e) ?

Univers, montre-nous les miracles et libère-nous tous !
Et c'est le cas !

EXERCICE ÉNERGÉTIQUE : L'EXPANSION DANS LA VIE RADICALE

Fermez les yeux et placez vos mains sur le thymus et le pubis. Respirez trois fois par la bouche et dites : "HI BODY ! HI BODY ! HI BODY ! HI ME ! HI ME ! HI ME ! HI EARTH ! HI EARTH ! HI EARTH !" Développez votre énergie jusqu'à toucher les quatre coins de la pièce dans laquelle vous vous trouvez et respirez. Expirez autant que vous le pouvez vers le haut, vers le bas, vers la droite, vers la gauche, vers l'avant et vers l'arrière. Inspirez par l'avant, par l'arrière, par la droite et par la gauche. Respirez en partant de vos pieds et en descendant jusqu'à votre tête. Répétez tous les "Bonjour" ci-dessus. Dites à haute voix : "J'ai changé et je sais que j'ai changé, et je sais que j'ai changé parce que _____________ (remplissez le blanc)". Répétez cette phrase trois fois. Ouvrez les yeux.

Remarquez ce que vous ressentez ou tout changement dans votre énergie.

Libérez votre corps des abus du monde

Ceux d'entre nous qui ont été victimes d'abus sont souvent sensibles à l'expérience de l'abus dans le monde entier parce qu'ils savent ce qu'ils ressentent, ce qu'ils sentent et ce qu'ils goûtent. Nous pouvons avoir l'impression que notre corps est programmé de manière hyper-vigilante. C'est comme une antenne qui sent, goûte et sait où se trouve la maltraitance. Même si nous n'en sommes pas conscients sur le plan cognitif, conscient ou visuel, notre mémoire cellulaire l'est.

Posez-vous la question

La lourdeur que j'ai ressentie en percevant les abus d'autrui m'appartient-elle ? Et est-ce que cela me sert de continuer à m'y intéresser et à en faire l'expérience par mes sens ?

Vous avez maintenant le choix. Vous avez le choix d'écouter les murmures de toutes les voix, de tous les abus pour l'éternité qui nous appellent tous à aller de l'avant. Plus important encore, peut-être, vous avez le choix d'entendre ces murmures et de dire : "C'est fini. Il est temps d'aller au-delà de la façon dont j'ai laissé les abus gouverner ma vie". La fin des abus commence avec vous et votre choix, ici et maintenant.

Alors, je me demande… que choisirez-vous ?

Je réponds :

1 2 3 4 ROAR

Fini les abus !

À PROPOS DE L'AUTEUR

Dr Lisa Cooney, PhD, LMFT, est une pionnière de la transformation personnelle et de la guérison des traumatismes. Elle excelle dans la thérapie de l'âme, le coaching de vie et la transformation spirituelle. En tant que créatrice de la méthode révolutionnaire Live Your ROAR®, elle a métamorphosé la vie  de milliers de personnes, les aidant à surmonter les traumatismes de l'enfance et à embrasser une "Réalité Orgasmique et Radicale" (ROAR®). La philosophie du Dr Lisa repose sur "Je l'obtiens!... Quoi qu'il arrive!" et les principes de l'autodétermination, de l'engagement envers la croissance, de la collaboration avec l'univers et de la création d'une vie de rêve.

9 798330 467921